200 DATES
POUR LE
BAC HISTOIRE

Julien Dochez

FIRST
Editions

ISBN : 978-2-412-02230-6
Dépôt légal : avril 2017
Imprimé en Italie

Correction : Valérie Gios
Couverture et mise en pages : Olivier Frenot

Éditions First, un département d'Édi8
12, avenue d'Italie
75013 PARIS – France
Tél. : 01 44 16 09 00
Fax : 01 44 16 09 01
E-mail : firstinfo@efirst.com
Site internet : www.editionsfirst.fr

SOMMAIRE

INTRODUCTION

Cet ouvrage vous présente 200 dates à connaître pour réussir le Bac Histoire, en fonction des programmes et quelle que soit votre filière.

Une partie des grands thèmes du programme est commune à toutes les sections. En revanche, certains thèmes sont spécifiques aux filières ES et L, tandis que les élèves de filière S bénéficient d'un programme allégé.

Les filières sont indiquées en ouverture de partie. Un astérisque avertit les élèves de la filière S lorsque les sujets d'épreuves de leur section ne concernent qu'une partie du programme complet.

L'HISTORIEN ET LES MÉMOIRES DE LA SECONDE GUERRE MONDIALE EN FRANCE

1944

La Libération de Paris

Le 25 août, le général de Gaulle, après quatre ans d'exil à Londres, défile sur les Champs-Élysées, avec des milliers de Français afin de célébrer la libération de Paris. Il se rend à l'Hôtel de Ville, un lieu très symbolique, où il prononce un discours majeur pour l'établissement de la mémoire française de la Seconde Guerre mondiale. Il y affirme, en effet, que toute la France a résisté et que le peuple de Paris s'est libéré seul, mettant ainsi en place le mythe gaullien du résistancialisme : « Paris, Paris outragé, Paris brisé, Paris martyrisé mais Paris libéré ! Libéré par lui-même, libéré par son peuple avec le concours des armées de la France, avec l'appui et le concours de la France tout entière : c'est-à-dire de la France qui se bat. C'est-à-dire de la seule France, de la vraie France, de la France éternelle. »

1945

Les Procès Pétain et Laval

À la fin de la guerre, les principaux responsables du régime de Vichy, dont Pétain, chef de l'État, et Laval, ancien président du Conseil, sont traduits devant la Haute Cour de justice, instituée pour l'occasion. Pétain est condamné à mort le 15 août 1945, mais le général de Gaulle commue sa peine en détention à perpétuité sur L'Île d'Yeu. Laval, quant à lui, est fusillé à la prison de Fresnes. Des intellectuels et des artistes sont également poursuivis comme l'écrivain collaborationniste Robert Brasillach. Il s'agit pour le GPRF (Gouvernement provisoire de la République française), à travers ces procès, d'encadrer au mieux l'épuration qui se produit en France, de manière sauvage, contre ceux qui ont collaboré avec l'Allemagne nazie.

1947-1953

Les lois d'amnistie

Après la période d'épuration et une fois la nouvelle quatrième République stabilisée, plusieurs lois d'amnistie envers ceux qui se sont rendus coupables d'actes de collaboration sont votées. Ainsi, trois grandes lois (16 août 1947, 5 janvier 1951 et 6 août 1953) annulent progressivement les condamnations du lendemain de la guerre, sauf pour les faits les plus graves entraînant les plus lourdes peines (peine de mort, réclusion à perpétuité).

1956

Nuit et brouillard

Il s'agit d'un film documentaire de trente-deux minutes réalisé par Alain Resnais sur une commande du Comité d'Histoire de la Seconde Guerre mondiale pour commémorer les dix ans de la fin de la guerre et de la libération des camps. Le titre renvoie directement au décret de décembre 1941 « Nacht und Nebel » (Nuit et brouillard) qui ordonnait la déportation de tous les ennemis réels ou supposés du IIIe Reich allemand pendant la guerre. Pour son film, Alain Resnais fait le choix d'utiliser de nombreuses archives en noir et blanc. Parmi les plus connues, on relève la photographie du camp de Pithiviers en France, dans lequel de nombreux Juifs étaient internés, où l'on distingue clairement un gendarme français. Elle est finalement censurée par les autorités françaises qui ne veulent à aucun prix que l'on voit une quelconque preuve de l'implication des forces de l'ordre françaises dans la mise en œuvre de la Solution Finale.

1961

Le procès Eichmann à Jérusalem

Après plusieurs années de fuite en Amérique latine, le maître d'œuvre de la Solution Finale, Adolf Eichmann, est enlevé en Argentine par des agents des services secrets israéliens, le Mossad, et conduit à Jérusalem. Il y sera jugé, entre autres, pour crime contre le peuple juif et crime contre l'humanité. Son procès est filmé et retransmis à la télévision et a un impact considérable : il a permis de réveiller la mémoire de l'assassinat en masse des Juifs d'Europe au cours de la Seconde Guerre mondiale.

1964

Jean Moulin au Panthéon

En 1964, le général de Gaulle décide de transférer les cendres du grand résistant Jean Moulin au Panthéon, le temple des grands hommes de la République française. Il s'agit de rendre hommage à la France résistante que le pouvoir gaullien estime alors unanime. À cette occasion, le 19 décembre 1964, le ministre des

Affaires culturelles, l'écrivain André Malraux, auteur entre autres des *Conquérants* et de *La Voie royale,* prononce un vibrant discours dans lequel il retrace les faits et le rôle majeur de Jean Moulin dans l'unification de la résistance intérieure. La scénographie grandiose et le ton dramatique de Malraux marquent durablement les esprits.

1971

Le Chagrin et la Pitié

À partir de la fin des années 1960, le réalisateur franco-suisse Marcel Ophüls réalise un documentaire qui fera date, intitulé *Le Chagrin et la Pitié*. Il décide de s'intéresser, dans cette œuvre, à l'occupation allemande et l'enracinement du régime de Vichy à Clermont-Ferrand entre 1940 et 1944. Il recueille ainsi, entre de multiples images d'archives, de nombreux témoignages de personnalités locales. On constate que la collaboration allait alors bon train et que l'adhésion au régime de Vichy était sincère. Ce film bat complètement en brèche le mythe résistancialiste qui dominait depuis la fin de la guerre. Par conséquent, il ne sortira au cinéma qu'en 1971 et sera seulement diffusé en 1982 à la télévision française.

1973

Traduction et publication de *La France de Vichy* de Robert Paxton

Le livre de l'historien américain Robert Paxton *La France de Vichy* est traduit et publié en France en 1973. Il connaît un grand retentissement puisqu'il remet largement en cause la thèse de Robert Aron : le régime de Vichy aurait été un « bouclier » face à l'occupant allemand, mettant en avant ainsi le « double jeu » du maréchal Pétain. Paxton, en s'appuyant sur des archives françaises, américaines, anglaises et allemandes, démontre que Pétain et son gouvernement mettent en place, de façon autonome et en pleine conscience, avec l'appui des Allemands, un régime dictatorial, oppressant et antisémite. Il insiste sur le fait que Vichy choisit délibérément la collaboration avec les Allemands, en proposant par exemple l'appui de la police française dans la déportation des Juifs de France ou bien encore l'implication de différents secteurs économiques dans l'effort de guerre allemand.

1979

Création des Fils et Filles des Juifs Déportés de France (FFJDF)

L'association des Fils et Filles des Juifs Déportés de France est fondée en 1979 par Serge Klarsfeld, dans le but, entre autres, de poursuivre les criminels responsables de la déportation des Juifs de France vers les camps de la mort, mais aussi de défendre les intérêts des enfants de déportés. Serge Klarsfeld et son épouse Beate ont voué leur vie à la traque des criminels nazis et à la lutte contre l'antisémitisme et le négationnisme.

1987

Le procès Barbie

Le 4 juillet 1987, à la suite de deux mois de procès, Klaus Barbie (1913-1991), l'ancien chef de la Gestapo de Lyon entre 1942 et 1944, est condamné à la prison à perpétuité pour crime contre l'humanité, notamment pour la déportation de centaines de Juifs à Auschwitz. Barbie s'était réfugié en Amérique du Sud après la guerre, mais est finalement retrouvé par un journaliste en 1972. Extradé de la Bolivie vers la France en 1983, il mourra en prison des suites d'un cancer en 1991. Son procès, qui a été filmé, a permis de faire ressurgir la mémoire de la Shoah et l'importance de la déportation des Juifs à partir du territoire français.

1990

La loi Gayssot

Le député Jean-Claude Gayssot propose une loi réprimant tout acte raciste, xénophobe et antisémite, rappelant les dispositions antérieures d'une loi de 1972. Cependant, cette loi est la première à instituer dans son article 9 un délit de contestation de l'existence des crimes contre l'humanité définis au Tribunal militaire international de Nuremberg. La loi punit donc le négationnisme, c'est-à-dire le fait de nier notamment l'existence des chambres à gaz et des centres de mise à mort durant la Seconde Guerre mondiale. Elle est votée dans un contexte de résurgence de l'antisémitisme et de la xénophobie à la fin des années 1980, illustré par la montée de l'extrême droite.

1994

Le procès Touvier

Paul Touvier (1915-1996) est un ancien chef de la milice lyonnaise. Il s'est tristement illustré dans l'arrestation de résistants et de Juifs et dans le pillage de biens. Il a par ailleurs fait exécuter sept Juifs, choisis au hasard dans une liste de prisonniers, au cimetière de Rillieux-la-Pape. En fuite après la guerre et condamné à mort à deux reprises en 1946 et 1947, il est finalement gracié par le président Pompidou en 1972. Cependant, il est à nouveau poursuivi pour crime contre l'humanité dans les années 1980. Il comparaît, après une nouvelle fuite, devant la cour d'assises de Versailles le 17 mars 1994 et est reconnu coupable de complicité de crime contre l'humanité le 20 avril 1994. Il est ainsi condamné à la réclusion à perpétuité.

1995

Le discours du Vél' d'Hiv

À peine élu président de la République, Jacques Chirac prononce, le 16 juillet 1995, un discours majeur pour la commémoration de la rafle du Vél' d'Hiv du 16 juillet 1942. Ce jour-là, 13 000 Juifs sont enfermés dans le stade du vélodrome d'Hiver à Paris, avant d'être déportés en Allemagne et assassinés dans les chambres à gaz. Le président Chirac marque les esprits en affirmant clairement que les policiers français ont aidé l'occupant allemand à arrêter des Juifs, devenant clairement des auxiliaires de la Shoah : « La France, patrie des Lumières et des droits de l'homme, terre d'accueil et d'asile, la France, ce jour-là, accomplissait l'irréparable. » Ce discours enterre définitivement la tradition gaullienne de l'unanimité française dans la Résistance.

1998

Le procès Papon

Après une brillante carrière de haut fonctionnaire, préfet de police, député, maire et même ministre, Maurice Papon (1910-2007) est rattrapé dans les années 1980 par son passé de collaborateur avec l'occupant allemand. On lui reproche, en tant que secrétaire général de la préfecture de Gironde, d'avoir collaboré à l'envoi de plusieurs centaines de Juifs de la région de Bordeaux vers les centres de mise à mort et les camps de concentration. En 1983, il est d'abord inculpé pour crime contre l'humanité, mais son procès ne commencera finalement qu'en 1997. En février 1998, il est condamné à dix ans de réclusion criminelle pour « complicité de crimes contre l'humanité » et à dix ans de privation de droits civiques. D'abord incarcéré à la prison de Fresnes, il est finalement libéré pour raison de santé en 2002.

2005

Inauguration du nouveau Mémorial de la Shoah

Le 25 janvier 2005, le président de la République Jacques Chirac inaugure le nouveau Mémorial de la Shoah sur le site du martyr juif inconnu dans le IVe arrondissement de Paris. Ce mémorial comporte le « Mur des noms » avec les 76 000 noms des Juifs de France tués dans les centres de mise à mort. La volonté de conserver la mémoire de la Shoah en France commence dès 1943 avec la fondation par Léon Poliakov et Isaac Schneersohn du Centre de documentation juive contemporaine pour conserver des documents et des preuves sur l'assassinat des Juifs d'Europe. Le 30 octobre 1956 est inauguré un premier mémorial du martyr juif, avec une crypte qui accueille en 1957 des cendres des camps d'extermination et du ghetto de Varsovie. L'activité majeure du mémorial est de perpétuer la mémoire de la Shoah, en collectant des documents mais aussi en favorisant une intense activité pédagogique auprès des établissements scolaires et des activités de recherche.

L'HISTORIEN ET LES MÉMOIRES DE LA GUERRE D'ALGÉRIE DEPUIS 1962

1964

Loi d'amnistie pour les faits survenus en Algérie

L'amnistie est une question soulevée dès la fin de la guerre d'Algérie avec deux décrets de mars 1962 et cinq ordonnances du mois d'avril suivant. Tout comme pour la Seconde Guerre mondiale, l'État a recours à l'amnistie afin d'apaiser au mieux les blessures de la société et de normaliser rapidement la situation. En 1964, une grande loi est votée afin d'amnistier tous les actes commis au cours de la guerre pour les membres du FLN, de l'OAS et de l'armée française. Elle est la première de trois grandes lois qui vont ponctuer les années 1960. Il s'agit donc de tourner au plus vite cette page douloureuse.

1968

Loi d'amnistie pour les généraux putschistes et les membres de l'OAS

La dernière loi d'amnistie de l'ère gaullienne concerne les militaires et officiers ayant rejoint l'OAS, l'Organisation armée secrète, qui a commis bon nombre d'attentats en France et en Algérie, y compris contre le général de Gaulle (l'attentat du Petit Clamart en août 1962). Un amendement apporté par le député socialiste Gaston Defferre réintègre tous ces militaires dans leurs grades et décorations. Par ailleurs, les généraux, organisateurs du putsch d'avril 1961 contre la politique du général de Gaulle (Salan, Challe, Jouhaux, Zeller), voient aussi leur condamnation annulée avec cette loi.

1975

L'affaire du camp de Harkis de Saint-Laurent-des-Arbres

Les Harkis sont des supplétifs de l'armée française recrutés parmi les populations arabes et kabyles fidèles à la France au cours de la guerre d'Algérie. Au moment de l'indépendance en 1962, des dizaines de milliers d'entre eux sont massacrés en Algérie et de nombreux autres trouvent refuge en France. Or, ils sont bien mal accueillis au regard des services rendus. Ils sont cantonnés dans des camps de réfugiés au confort plus que minimal. Au cours de l'été 1975, quatre hommes cagoulés pénètrent dans la mairie de Saint-Laurent-des-Arbres, dans le Gard, avec des explosifs. Ils veulent dénoncer les conditions de vie du millier de Harkis du camp voisin. Cet événement met en lumière leur sort tragique, que la décennie précédente n'avait pas voulu voir.

1982

Dernière loi d'amnistie

Cette loi complète les trois premières votées dans les années 1960. Sa teneur surprend dans un premier temps, car elle réintègre les généraux putschistes d'avril 1961 dans leurs grades et distinctions. Par ailleurs, ils peuvent désormais toucher leur retraite de militaire. Il s'agit pour le président Mitterrand de refermer « les dernières séquelles des événements d'Algérie ». Cette disposition toute symbolique ne crée pas moins de fortes tensions parmi la majorité socialiste de l'époque.

1983

La marche pour l'égalité et contre le racisme

Au début des années 1980 et du premier mandat du président Mitterrand, on assiste en France à une première montée de l'extrême droite au cours de différents scrutins locaux, mais aussi à des émeutes urbaines de plus en plus violentes. Ainsi, au cours de l'été 1983, des échauffourées ont lieu à Vénissieux, dans le quartier des Minguettes, durant lesquelles un des responsables de la toute récente association SOS Racisme est grièvement blessé. En réaction, dès le mois d'octobre suivant, une marche pour l'égalité et contre le racisme, dite aussi « marche des Beurs », est organisée au départ de Marseille. D'abord anecdotique, elle finit par regrouper, à son arrivée à Paris, plus de 100 000 personnes. Le président Mitterrand accepte même de recevoir des représentants de la marche.

1991

La Gangrène et l'Oubli de Benjamin Stora

Alors que la guerre d'Algérie est toujours « une guerre sans nom », un historien et universitaire, Benjamin

Stora, publie *La Gangrène et l'Oubli*. Grand spécialiste du Maghreb contemporain et de l'histoire coloniale, Benjamin Stora est le premier à décrire la complexité de la mémoire de la guerre d'Algérie, distinguant celle des Pieds noirs, des Harkis, du FLN ou encore celle du MNA (Mouvement national algérien). Son livre a un grand retentissement et met en lumière les difficultés à regarder sereinement cette page de l'Histoire de France.

1999

Reconnaissance officielle de la « guerre d'Algérie »

Depuis la fin de la guerre et la signature des accords d'Évian le 19 mars 1962, la République française n'a cessé de qualifier la guerre d'Algérie d'« opération de maintien de l'ordre », préférant ainsi ramener le conflit à de simples opérations de police. Devant les pressions des associations d'anciens combattants et de nombreux historiens engagés comme Benjamin Stora et Pierre Vidal-Naquet, la loi du 18 octobre 1999 est votée. Désormais, l'État reconnaît officiellement le terme de « guerre » pour qualifier les événements d'Algérie.

2001

Plaque commémorative du massacre du 17 octobre 1961

Le 17 octobre 2001, le maire socialiste de Paris, Bertrand Delanoë, inaugure une plaque commémorative sur le pont Saint-Michel, dédiée aux « nombreux Algériens tués lors de la sanglante répression de la manifestation pacifique du 17 octobre 1961 ». Si ce geste suscite de violentes réactions et de nombreux débats, il remet en lumière un événement oublié de la guerre d'Algérie. À la fin du conflit, en effet, une manifestation de dizaines de milliers d'Algériens de Paris a lieu pour protester contre le couvre-feu qui leur est imposé par le préfet de police Maurice Papon. Préparée en secret, la manifestation est sévèrement réprimée et fait de nombreux morts.

2003

Le voyage de Jacques Chirac en Algérie

Au début du mois de mars 2003, le président de la République Jacques Chirac se rend en Algérie. C'est la première visite officielle d'un chef d'État français depuis la fin de la guerre. Son arrivée est triomphale et il se rend dans différents quartiers d'Alger. Le 3 mars, il prononce un discours devant le parlement algérien.

À cette occasion, il signe même un traité d'amitié avec le président algérien Abdelaziz Bouteflika.

2005

Loi portant reconnaissance de la Nation et contribution nationale en faveur des Français rapatriés

Le 23 février 2005, la loi Mekachera, du nom du ministre des Anciens combattants, Hamlaoui Mekachera, rentre en application. Elle fait partie des lois mémorielles importantes votées par le Parlement français. Elle favorise la reconnaissance par la Nation française de l'apport des rapatriés d'Afrique du Nord en 1962 à l'Histoire de France, les réintégrant ainsi pleinement dans la communauté nationale. Cependant, l'article 4, passé de nuit à l'Assemblée nationale, crée rapidement la polémique chez les historiens. Il stipule, en effet, que les programmes scolaires devront reconnaître : « en particulier le rôle positif de la présence française outre-mer, notamment en Afrique du Nord (…) ». Cet article sera finalement abrogé en 2006, après avoir nui aux relations franco-algériennes.

2012

Journée commémorative du 19 mars

Après la victoire de François Hollande à l'élection présidentielle, une nouvelle loi concernant la guerre d'Algérie est votée en novembre 2012. Cette loi fait de la journée du 19 mars, date anniversaire des accords d'Évian, la « journée nationale du souvenir et de recueillement à la mémoire des victimes civiles et militaires de la guerre d'Algérie et des combats en Tunisie et au Maroc ». Il s'agit de tenter d'apaiser les polémiques nées de l'article 4 de la loi de 2005, mais aussi de dépasser la guerre des mémoires, entre celles du FLN, des anciens combattants du contingent français, des pieds-noirs ou encore celle des harkis.

MÉDIAS ET OPINION PUBLIQUE DANS LES GRANDES CRISES POLITIQUES EN FRANCE DEPUIS L'AFFAIRE DREYFUS (1898)

1881

Loi sur la presse

La IIIe République, solidement installée depuis la fin des années 1870, décide de légiférer sur la liberté de la presse. Il s'agit de consolider les grandes libertés collectives en clarifiant les droits et devoirs des journaux. Le second Empire avait déjà, en effet, largement accordé la liberté de la presse par la loi de 1868. Le 29 juillet 1881, sous le premier gouvernement Jules Ferry, les journaux obtiennent une liberté pleine et entière de publier « sans autorisation au préalable, et sans dépôt de cautionnement » (article 5). Ils doivent néanmoins respecter certaines limites comme la diffamation, l'atteinte à l'honneur ou encore l'offense au président de la République. La presse française, déjà très dynamique, connaît alors un véritable âge d'or.

1898

L'affaire Dreyfus et le *J'accuse* d'Émile Zola

En 1894, le capitaine juif alsacien Alfred Dreyfus a été condamné par un conseil de guerre pour haute trahison, pour avoir transmis des documents secrets aux Allemands. Cependant, sa famille et son avocat parviennent à démontrer que les preuves ont été truquées par des officiers de l'état-major eux-mêmes, et que le vrai coupable n'est autre qu'un certain Esterhazy, du même bureau que Dreyfus. Cependant, l'armée ne peut admettre d'avoir monté de toutes pièces une machination pour perdre Dreyfus. Un nouveau conseil de guerre innocente Esterhazy et confirme la culpabilité de Dreyfus. Dès lors, l'opinion publique se déchire entre ceux qui soutiennent le capitaine Dreyfus (les Dreyfusards) au nom des droits de l'homme, et ceux, souvent animés par des sentiments antisémites, qui prennent le parti de l'armée (les Antidreyfusards). Dans ce contexte, le 13 janvier 1898, le grand écrivain Émile Zola publie, dans le journal *L'Aurore*, un article intitulé *J'accuse*, adressé au président de la République, dans lequel il porte publiquement des accusations contre des officiers supérieurs clairement nommés. Il est traduit en justice pour diffamation et son procès relance l'affaire Dreyfus. Zola est condamné mais Dreyfus est finalement innocenté en 1899. Ce dernier est réhabilité en 1906.

1921

Début de la radio

La transmission d'onde radio sans fil a été découverte à la fin du XIXe siècle dans la foulée des travaux de Hertz et surtout de l'Italien Marconi. La TSF, télégraphie sans fil, utilise d'abord le code Morse et permet d'équiper par exemple les navires, qui peuvent lancer ainsi des SOS (comme le *Titanic* en 1912). En France, on installe au sommet de la tour Eiffel un émetteur très puissant qui permet la diffusion des ondes à grande échelle. À la fin de la Première Guerre mondiale, imitant les États-Unis et le Royaume-Uni, la France favorise la création de radios d'État et de postes privés. La première émission est émise le 24 décembre 1921 par Radio Tour Eiffel, la première radio d'État française.

1934

La crise du 6 février

Durement frappée par la crise économique du début des années 1930, la France connaît également une crise politique majeure, marquée par de nombreux scandales. En janvier 1934, en effet, un homme d'affaires véreux, Alexandre Stavisky, qui a trempé dans de nombreuses fraudes, est retrouvé mort. On apprend par la suite que de nombreux députés et ministres avaient tenté d'étouffer les enquêtes à son encontre. La presse antirépublicaine se déchaîne. Le gouvernement de Camille Chautemps finit par tomber. Édouard Daladier le remplace alors comme président du Conseil. Le 6 février, à l'appel des journaux d'extrême droite, dont la fameuse *Action française* de Charles Maurras, des milliers de membres des ligues nationalistes et royalistes décident de manifester en nombre devant l'Assemblée nationale. On assiste alors à de véritables manifestations antiparlementaires. Les forces de police, rapidement débordées, finissent par tirer dans la foule, faisant plus d'une quinzaine de morts. Daladier doit démissionner au profit de Gaston Doumergue.

1940-1944

La guerre des ondes

Dans la grande confusion de la défaite de juin 1940, le général de Gaulle lance son appel à la résistance sur les ondes de la BBC depuis Londres, où il souhaite poursuivre le combat. Dès lors commence l'aventure de

« Radio Londres » et des programmes quotidiens des « Français parlent aux Français ». Robert Schuman a en charge à partir de 1942 cette voix de la France Libre, qui compte de grandes voix populaires comme Pierre Dac. Elle mobilise tous les talents possibles contre la force de la propagande des collaborationnistes de Radio-Paris où œuvre le secrétaire d'État à l'information et à la propagande du régime de Vichy, le redoutable Philippe Henriot. On assiste alors pendant quatre ans à une véritable « guerre des ondes » entre résistants et collaborationnistes.

1945

La radio et la télévision deviennent un monopole d'État

À la fin de la Seconde Guerre mondiale, le gouvernement provisoire de la République française décide de faire de la radio un monopole d'État. Cette décision est prise le 23 mars 1945, alors que de nombreux émetteurs sont détruits et hors service, et que les radios d'avant-guerre, sévèrement contrôlées par Vichy, ont participé à la propagande allemande (Radio Paris, par exemple). Une nouvelle radio est ainsi créée et nommée *Paris Inter.* En 1949, on crée la RTF, la Radiodiffusion télévision française, c'est-à-dire une société publique chargée de gérer l'ensemble de l'audiovisuel français, radio et télévision.

1953

La création de *L'Express*

Alors qu'aux États-Unis le modèle du ***newsmagazine*** triomphe avec les titres *Time* et *Life*, en France, deux grands journalistes, Françoise Giroud et Jean-Jacques Servan Schreiber, créent un nouveau magazine qui fera date : *L'Express*. Ce dernier se caractérise très vite par des prises de position politiques nettes en faveur du réformisme de Pierre Mendès-France, qui devient le président du Conseil le plus charismatique de la IVe République. Il devient ensuite farouchement antigaulliste après le retour du général de Gaulle en 1958. Il peut compter parmi ses collaborateurs les plus illustres, entre autres, Albert Camus, Jean-Paul Sartre, André Malraux ou bien encore Françoise Sagan.

1955

Les radios « périphériques »

La radio télédiffusion est un monopole d'État jalousement gardé, sans possibilité pour une entreprise privée de médias de pouvoir le concurrencer. Contournant la difficulté, certaines radios nouvelles se créent, néanmoins, aux frontières de la France avec des émetteurs puissants pour couvrir son territoire. Les frontières, bien évidemment, ne sont pas étanches aux ondes. Ainsi, en 1955, une nouvelle station privée, Europe n° 1 émet depuis la Sarre, une région allemande alors autonome, frontalière de la Lorraine. Elle se distingue par des émissions grand public comme *Signé Furax* (1956) ou encore *Salut les copains* (1962). Elle rejoint ainsi les autres radios « périphériques » comme Radio Andorre, Radio Monte-Carlo ou encore Radio-Luxembourg, future RTL.

1958

Crise du 13 mai et retour du général de Gaulle

La IVe République, affaiblie par l'instabilité ministérielle (plus d'une vingtaine de gouvernements en douze ans), ne parvient pas à sortir du bourbier algérien. La guerre, en effet, s'enlise depuis quatre ans. Au cours des premiers mois de l'année 1958, les gaullistes tentent de préparer l'opinion publique, au moyen d'une campagne de presse efficace, au retour du général de Gaulle, qui s'est retiré de la vie politique depuis 1946. Le 13 mai 1958, une partie de l'armée présente en Algérie, ainsi que la majorité des colons français sur place (les Pieds-Noirs), s'insurgent contre l'autorité du gouvernement de Paris. Le nouveau président du Conseil, Pierre Pflimlin, se montre incapable de contenir la révolte. Le général Massu constitue, à Alger, un comité de salut public, qui lance un appel au général de Gaulle. Celui-ci sort de son silence et se dit prêt à accepter le pouvoir, à la condition de changer la constitution. Après avoir réaffirmé sa volonté de maintenir les libertés fondamentales, il rassure, par le biais de la presse, l'opinion publique, qui aspire à un retour à l'ordre et au retour de la paix en Algérie.

1961

Le putsch des généraux et les médias

Le 21 avril 1961, les généraux Challe, Jouhaux, Zeller et Salan, ainsi qu'une partie de l'armée française en Algérie, se soulèvent contre la politique de conciliation du général de Gaulle avec les indépendantistes du FLN algérien. Or, la majeure partie des soldats présents sur place sont des appelés du contingent, avec déjà de nombreux mois de service militaire à leur actif. Dans un premier temps, le général de Gaulle applique l'article 16 de la Constitution, qui lui permet d'obtenir les pleins pouvoirs. Ensuite, il s'adresse à la nation à la télévision en uniforme pour souligner l'heure grave que traverse la nation. Mais ce discours de condamnation des généraux putschistes est diffusé en Algérie par les transistors, c'est-à-dire des postes de radio fonctionnant avec des piles. Les ordres de De Gaulle ainsi transmis ont pu faire échouer cette tentative de soulèvement des officiers rebelles.

1964
L'ORTF

Avec la loi du 27 juin 1964, le gouvernement du général de Gaulle crée une nouvelle entreprise publique réunissant à la fois les radios et la télévision : l'ORTF (Office de radiodiffusion télévision française). Cette loi lui fixe de hautes ambitions : « *assurer le service public national en vue de satisfaire les besoins d'information, de culture, d'éducation et de distraction du public* ». D'abord présentée comme une réforme en vue d'assurer son indépendance, cette nouvelle organisation renforce de fait la mainmise du gouvernement, et notamment du ministre de l'Information, sur l'audiovisuel. L'ORTF, sous l'ère gaullienne, est alors vilipendé comme étant : « la voix de son maître », et continue d'assurer le monopole de l'audiovisuel en France.

1968

La crise de mai et les médias

Le 3 mai 1968, un formidable mouvement étudiant commence en occupant la Sorbonne. Leurs revendications concernent de meilleures conditions d'études et de vie. Des manifestations se succèdent, de plus en plus violentes, avec des affrontements fréquents avec les CRS. Des barricades, souvent symboliques, sont même dressées dans le quartier Latin. Alors que la télévision et les radios officielles minimisent les événements, la station Europe n° 1 se distingue nettement en les retransmettant en direct. À partir du 13 mai, la crise étudiante se double d'une crise sociale, avec plus de dix millions de grévistes dans tout le pays. Les salariés et journalistes de l'ORTF, l'audiovisuel public, se mettent également en grève. Le pouvoir gaulliste apparaît complètement dépassé, alors que le gouvernement signe les accords de Grenelle avec les syndicats. Le 29 mai, quand le général de Gaulle part pour Baden-Baden, le pays semble au bord de la crise politique. Le 30 mai, à son retour, de Gaulle s'adresse au pays à la radio, annonçant la dissolution de l'Assemblée nationale. Le 31 mai, une immense manifestation gaulliste a lieu sur les Champs-Élysées. En juin suivant, le gouvernement reprend en main l'ORTF en limogeant un bon nombre de journalistes qui avaient abondamment participé aux grèves.

1975

La fin de l'ORTF

Valéry Giscard d'Estaing, élu en mai 1974, veut réformer l'audiovisuel et le rendre autonome du pouvoir politique. Cette demande des syndicats et de l'opposition de gauche s'était accentuée depuis mai 1968. Le 7 août 1974, une loi supprime définitivement l'ORTF. Elle est démantelée le 31 décembre suivant. Sept sociétés publiques récupèrent alors les missions de l'ancien office. Les chaînes de diffusion de programme de télévision sont confiées à trois structures nouvelles complètement indépendantes l'une de l'autre : TF1 (Télévision française 1), Antenne 2, FR3 (France Région3). Les quatre chaînes de radio (France Inter, France Culture, France Musique, FIP) sont confiées à une seule société publique, Radio France.

1982

La libéralisation des ondes

La fin des années 1970 est marquée par le développement des radios pirates, qui revendiquent la libéralisation des ondes et la fin de la mainmise de l'État sur l'audiovisuel. Une fois élu président de la République, François Mitterrand accorde la liberté de diffusion et de création d'une radio, appliquant ainsi une de ses promesses électorales. Les fréquences moyennes sont libérées, permettant la création de la bande FM. De nouvelles radios apparaissent en grand nombre, souvent sous une forme associative. Certaines sont des entreprises privées qui connaissent un succès fulgurant, comme la Nouvelle Radio des Jeunes (NRJ).

1984

Canal+, première chaîne privée

Alors que les trois chaînes de télévision sont toujours des sociétés publiques, le gouvernement socialiste souhaite désormais favoriser l'émergence de télévisions privées. En 1984, il fait le choix de confier le quatrième canal d'émission à une chaîne de télévision privée : Canal+. André Rousselet, un proche de François Mitterrand, en est le président. Canal+ est une chaîne originale puisqu'elle est payante, accessible par un décodeur, et doit, dans son cahier des charges, procéder au financement de la production cinématographique française. L'année suivante, en 1985, deux nouvelles chaînes privées mais gratuites, la 5 puis M6, apparaissent aux côtés de Canal+. En 1987, TF1 est privatisée par le gouvernement Chirac, consacrant définitivement le triomphe des télévisions privées dans le paysage audiovisuel français.

1989

Création du CSA

L'indépendance de l'audiovisuel vis-à-vis du pouvoir politique est une question récurrente depuis les années 1960 et la création de l'ORTF. À la fin des années 1980, après une période de cohabitation entre François Mitterrand, président socialiste, et Jacques Chirac, Premier ministre de droite, on décide de créer une autorité administrative indépendante pour garantir l'autonomie de l'audiovisuel vis-à-vis du pouvoir politique. Il s'agit du CSA, Conseil supérieur de l'audiovisuel, installé en 1989, dont les membres sont à la fois nommés par le président de la République, le président du Sénat et le président de l'Assemblée nationale. Sa fonction est de bien vérifier la neutralité et la déontologie des chaînes de radio et de télévision.

1993

Les débuts d'Internet en France

Durant les années 1980, la France avait pris une certaine avance dans la télématique grâce au programme Minitel. À partir de 1992, elle choisit de rejoindre le réseau de l'*interconnecting network* (Internet), développé et géré par les Américains. L'apparition du World Wide Web (WWW) a largement favorisé une création simplifiée de pages et de sites web. Le grand public y a accès dès 1994. D'abord pénalisé par un débit très lent, Internet se démocratise grâce à la généralisation de l'ADSL et par l'apparition de nombreux fournisseurs d'accès. En 2014, on compte environ 25 millions d'abonnés dans le pays.

2002

Le second tour de l'élection présidentielle

La campagne présidentielle de 2002 est marquée par l'affrontement politique entre Jacques Chirac, président sortant, et Lionel Jospin, son Premier ministre. La France sort d'une période de cohabitation entre un président de la République de droite et un gouvernement de gauche. La situation économique est plutôt bonne puisque le chômage a fortement diminué depuis 1998 et que la croissance économique, portée par la révolution Internet, s'est accélérée. Cependant, à la surprise générale, le candidat socialiste Lionel Jospin est éliminé dès le premier tour, le 21 avril 2002, par Jean-Marie Le Pen, candidat du Front National, classé politiquement à l'extrême droite. Si Jacques Chirac est réélu triomphalement au second tour avec plus de 80 % des voix, on cherche des explications à ce véritable choc politique.

SOCIALISME, COMMUNISME ET SYNDICALISME EN ALLEMAGNE DEPUIS 1875

1848

Karl Marx rédige *Le Manifeste du Parti communiste*

Après des études de droit et de philosophie, Karl Marx, né en Rhénanie, se lance dans le journalisme en dirigeant plusieurs journaux. Il rencontre Friedrich Engels, qui s'intéresse à la condition ouvrière liée au développement rapide de l'industrie. En 1848, Il rédige avec ce dernier *Le Manifeste du Parti communiste*, véritable œuvre fondatrice du socialisme scientifique et de la doctrine marxiste de la révolution. En 1867 paraît le premier livre du *Capital*, qui achève de théoriser la doctrine économique du marxisme, mais reste inachevée. Marx est aussi le fondateur de la Ire Internationale ouvrière qui se réunit à Londres en 1864. Son œuvre a une portée considérable dans la pensée économique et sociale.

1875

Congrès de Gotha

L'Allemagne devient un État unifié au lendemain de sa victoire sur la France en 1871. Parallèlement, elle connaît un dynamisme industriel extraordinaire qui favorise un accroissement sans précédent du nombre d'ouvriers. La question de leur condition de vie et de travail devient une préoccupation de la part de beaucoup de socialistes allemands. Pour se faire davantage entendre, différents partis de gauche, dont le Parti ouvrier social-démocrate d'Allemagne, s'unifient lors du grand congrès du Gotha en 1875 afin de créer un parti ouvrier puissant : le SAP (le parti socialiste des travailleurs). Le but de ce nouveau parti est de défendre au mieux la classe ouvrière face à des entreprises industrielles de plus en plus puissantes.

1878

Bismarck contre les socialistes

En 1877, les socialistes font leur entrée au Reichstag avec douze députés. C'est un événement majeur bien que le nombre soit relativement faible. Face à l'augmentation de l'influence de ces derniers, le chancelier Bismarck tente de faire adopter des lois coercitives à leur encontre. En octobre 1878, une loi leur interdit de faire de la propagande politique et ferme toute une série de journaux. Dans le même temps, Bismarck fait voter toute une série de lois sociales pour essayer de s'attacher les ouvriers : l'assurance maladie en 1883, les accidents du travail en 1884 et l'assurance retraite en 1889.

1890

Création du SPD (Parti social-démocrate)

Les socialistes augmentent leur audience tout au long des années 1880. En 1889, lors de la création de la IIe Internationale ouvrière, les socialistes allemands constituent le mouvement le plus puissant en Europe. L'année suivante, en 1890, ils ont trente-cinq députés au Reichstag et ont obtenu la gestion de nombreuses municipalités. Le parti SAP change alors de nom et devient le SPD. Dans le même temps, la législation allemande change et autorise la création de syndicats libres. En 1914, le SPD est le parti le plus important d'Allemagne avec plus d'un million de membres et cent dix députés au Reichstag. Cependant, à la différence du socialisme des débuts, le SPD devient plus réformiste et ne revendique plus la nécessité d'une révolution pour abattre le système capitaliste.

1918

La révolution de novembre 1918

Alors que la défaite allemande lors de la Première Guerre mondiale se profile, un mouvement révolutionnaire parcourt le Reich et contraint l'empereur allemand Guillaume II à abdiquer le 9 novembre 1918. Parmi ces grandes révoltes, on peut noter le soulèvement des marins de Kiel, dans le nord de l'Allemagne dès la fin octobre 1918. Immédiatement, une nouvelle république est proclamée et un gouvernement provisoire est institué, dans lequel le SPD a une place prépondérante. Le socialiste Friedrich Ebert devient d'ailleurs chancelier. Les sociaux-démocrates ont alors la lourde tâche de demander l'armistice, au grand dam des mouvements nationalistes et de l'armée, qui les rendent responsables de la défaite.

1918

Création du KPD

À la gauche du SPD, le tout nouveau mouvement spartakiste, emmené par Karl Liebknecht et Rosa Luxembourg, appelle à la révolte contre la nouvelle république qu'ils ne jugent pas suffisamment révolutionnaire. Ces derniers sont des admirateurs de la révolution bolchévique qui a eu lieu en Russie en octobre 1917 sous la conduite de Lénine. Ils se revendiquent pleinement révolutionnaires et souhaitent une insurrection générale pour abattre le capitalisme et porter les comités ouvriers au pouvoir. Leur nom fait d'ailleurs référence à Spartacus, le gladiateur romain qui avait dirigé la révolte des esclaves contre la République romaine entre 73 et 71 avant J.-C. En décembre 1918, ils se séparent définitivement du SPD, en créant le KPD, un nouveau parti se réclamant du communisme révolutionnaire.

1919

La « semaine sanglante »

Au début de l'année 1919, de nombreux troubles sociaux ont lieu à Berlin et dans de nombreuses villes d'Allemagne, encore secouées par la défaite. Face à la menace spartakiste et à leur tentative de révolution, le gouvernement SPD, avec l'aide de l'armée et de volontaires, appelés corps francs, décide de réprimer leur insurrection à partir du 6 janvier 1919. C'est le début de la « semaine sanglante » qui dure jusqu'au 13 janvier, et au cours de laquelle Rosa Luxembourg et Karl Liebknecht sont tués. La révolte spartakiste est réprimée dans le sang. Le mouvement ouvrier en sort profondément divisé. KPD et SPD deviennent alors des ennemis inconciliables.

1933

Arrivée de Hitler au pouvoir

Dans le sillage des États-Unis, l'Allemagne est à son tour touchée par une grave crise économique qui se traduit par l'apparition d'un chômage de masse. En 1932, on compte ainsi plus de six millions de chômeurs. Face à la grande misère qui se repend dans le pays, les partis traditionnels de la république de Weimar sont bien incapables d'apporter des solutions efficaces. Profitant de la situation, le NSDAP – Parti national-socialiste des travailleurs allemands – d'Adolf Hitler devient fin 1932 le principal parti d'Allemagne. Dans la rue, les nazis et les communistes s'affrontent, créant une atmosphère de désordre politique accru. Le 30 janvier 1933, le président de la République Hindenburg finit par appeler Hitler au poste de chancelier. Le nouveau gouvernement est alors une alliance entre les nazis et la droite nationaliste, excluant socialistes et communistes des affaires.

1933

L'incendie du Reichstag

Dans la nuit du 26 au 27 février 1933, le Reichstag, bâtiment néoclassique siège du parlement allemand, est ravagé par les flammes. Même si, rétrospectivement, nous savons que ce sont les nazis qui sont à l'origine de ce violent incendie, la police arrête dans la foulée un jeune Néerlandais communiste, Marinus Van der Lubbe. L'événement permet alors à Hitler d'établir un régime d'exception et de commencer à persécuter tous les opposants au nazisme, au premier rang desquels se trouvent les communistes et les socialistes. Les premiers camps de concentration, comme Dachau, commencent ainsi à ouvrir. Le 14 juillet 1933, tous les partis sont même finalement supprimés, et le NSDAP déclaré parti unique.

1949

Création de la RDA et de la RFA

Après la Seconde Guerre mondiale, l'Allemagne est divisée dès 1945 en quatre grandes zones d'occupation. Les Américains, Britanniques et Français sont à l'Ouest, et les Soviétiques à l'Est. La capitale, Berlin, fait aussi l'objet d'un partage entre les quatre grands, sur le même schéma. Les Soviétiques n'hésitent pas alors à favoriser l'avènement des communistes allemands dans les différents postes de commandes de la zone Est. Face à la progression communiste et le début de la guerre froide, les Occidentaux fusionnent leurs zones et lancent une nouvelle monnaie : le Deutsche Mark. Staline, fou de rage, réplique en déclenchant le blocus de Berlin-Ouest. Cependant, les alliés de l'Ouest organisent un pont aérien pour ravitailler les Berlinois de leur zone. En mai 1949, constatant l'échec du blocus, Staline abandonne. Une RFA, République fédérale allemande, est créée à l'Ouest et installe la capitale dans la petite ville de Bonn. À l'Est, les Soviétiques instituent une RDA, République démocratique allemande, et choisissent Berlin-Est comme capitale.

1952

Première loi de cogestion

Dans le cadre de la reconstruction de son économie, l'Allemagne de l'Ouest fait le choix d'associer le mouvement syndical à la gestion des grandes entreprises. Les syndicats, interdits sous le nazisme, sont davantage écoutés et consultés, afin de favoriser au mieux un nécessaire dialogue social. En 1951, dans les industries minières, ils commencent à siéger dans les conseils d'administration. En 1952, une première loi de cogestion permet aux syndicats de siéger de façon minoritaire par rapport aux actionnaires dans les conseils d'administration. Il faut attendre 1976 pour que la loi institue de façon égale la parité entre syndicats et actionnaires. Ces lois sont le fondement de l'économie sociale de marché allemande.

1953

Répression des émeutiers de Berlin-Est

Après la mort de Staline en mars 1953, les ouvriers de Berlin-Est commencent à réclamer de meilleures conditions de travail et de vie, ainsi que des augmentations de salaire. Or, comme il n'y a qu'un parti dominant et un syndicat unique qui verrouillent le mouvement ouvrier, ces derniers n'ont pas d'autre choix que de se révolter en juin 1953. Des milliers de personnes attaquent les bâtiments officiels de RDA, comme le siège de la Stasi, la police politique. Walter Ulbricht, secrétaire général du SED, le parti socialiste unifié, demande l'aide de l'occupant soviétique. La répression est impitoyable et des milliers d'Allemands de l'Est sont emprisonnés, voire déportés en Sibérie.

1959

Le congrès de Bad-Godesberg

En 1959, le SPD réunit un grand congrès qui sera un véritable tournant dans son histoire, comme dans toute l'histoire de la gauche européenne. Les sociaux-démocrates, en effet, suppriment toutes références au marxisme et renoncent définitivement au principe de la révolution. Le courant réformiste est clairement vainqueur et adopte le principe de l'économie sociale de marché pour la RFA. Dans le même temps, le SPD condamne les régimes communistes de l'est de l'Europe et en dénonce la dimension totalitaire. La gauche révolutionnaire se retrouve alors très marginalisée, dans la mesure où le KPD avait déjà été interdit en 1956.

1969

Le SPD au pouvoir

Après avoir participé au gouvernement de la RFA au cours des années 1960, le SPD gagne enfin les élections en 1969. Willy Brandt devient chancelier de RFA jusqu'en 1974, puis Helmut Schmidt lui succède jusqu'en 1982. Les sociaux-démocrates lancent de grandes réformes sociales, comme la généralisation de la cogestion, ou encore l'extension de droits individuels, comme l'avortement ou la simplification du divorce. Le SPD peut compter sur le soutien du grand syndicat allemand, le DGB, qui compte alors plus de six millions d'adhérents, pour appuyer ses réformes. Cependant, il doit faire face, au cours des années 1970, au terrorisme révolutionnaire d'extrême gauche emmené notamment par la Fraction armée rouge (RAF) et la célèbre « bande à Baader ».

1990
Réunification de l'Allemagne

Dans la nuit du 9 au 10 novembre 1989, le mur de Berlin tombe, achevant ainsi le grand cycle de manifestations qu'a connues la RDA depuis le début de l'année. Les communistes sont discrédités et laissent un pays à l'économie exsangue. La voie est désormais ouverte pour la réunification de l'Allemagne. Celle-ci intervient le 3 octobre 1990, après la signature d'un accord entre tous les grands vainqueurs de la Seconde Guerre mondiale. La RDA disparaît et les anciens dirigeants du SED sont poursuivis en justice. L'Allemagne réunifiée compte alors seize *Länder*. Les défis sont alors immenses car il faut restructurer toute l'économie de l'ancienne Allemagne de l'Est.

1998

Le retour du SPD au pouvoir

Après plus de seize ans d'opposition face à la CDU – Union chrétienne-démocrate – de Helmut Kohl, le SPD gagne de nouveau les élections et revient au pouvoir. Le nouveau chancelier, Gerhard Schröder, forme un gouvernement avec les écologistes, devenus un parti puissant depuis les années 1970. Cependant, l'Allemagne, depuis la réunification, connaît des difficultés économiques et une montée du chômage, notamment dans les nouveaux *Länder* de l'Est. Il doit alors mener des réformes douloureuses comme la baisse des dépenses publiques ou encore la libéralisation du marché du travail. Cette politique ne porte pas ses fruits immédiatement et le chômage continue de monter. L'aile gauche des sociaux-démocrates, emmenée par l'ancien ministre des Finances Oskar Lafontaine, se montre critique et finit même par se détacher du SPD, pour créer un nouveau parti : *Die Linke*.

2003-2005

Les lois Hartz

Parmi les grandes réformes libérales menées par le chancelier Schröder, les plus emblématiques sont les lois Hartz, du nom de Peter Hartz, ancien cadre dirigeant de Volkswagen, concernant le marché du travail. Quatre grandes lois sont ainsi votées entre 2003 et 2005. On institue davantage de flexibilité, en facilitant plus les licenciements. Les emplois précaires ne sont plus réglementés, favorisant le développement de petits contrats à faible salaire. Enfin, le contrôle des chômeurs est par ailleurs renforcé. La loi Hartz IV de 2005 est celle qui rencontre le plus d'opposition et de nombreuses manifestations sont même organisées dans toute l'Allemagne. Cette dernière prévoit notamment la baisse des indemnités versées aux chômeurs. Ces lois ont précipité l'impopularité de Gerhard Schröder et la défaite du SPD en octobre 2005, laissant la place à la CDU d'Angela Merkel.

LES ÉTATS-UNIS ET LE MONDE DE 1918 À NOS JOURS

1918

Les quatorze points du Président Wilson

Alors que les États-Unis sont en guerre aux côtés des pays de l'Entente (France, Royaume-Uni, Italie) depuis avril 1917, le Président Woodrow Wilson prononce un discours célèbre devant le Congrès le 8 janvier 1918 qui rencontre un grand écho. Ce texte doit ainsi servir de base de négociation pour une paix future. Dans ce texte, il présente la nécessité de changer radicalement de type de diplomatie, mais aussi l'importance de maintenir le libre-échange. Le quatorzième point, notamment, concerne une future « association générale des nations » qui donnera naissance à la SDN (Société des Nations).

1920

Le Sénat refuse la ratification du traité de Versailles

Les grands vainqueurs de la Première Guerre mondiale, la France, le Royaume-Uni, l'Italie et les États-Unis imposent la signature, le 28 juin 1919, du traité de Versailles aux Allemands. Ce traité prévoit notamment la création de la SDN, conformément à la volonté de Wilson. Aux États-Unis, ce traité doit être voté par le Congrès (Chambre des représentants et Sénat) pour que les États-Unis fassent partie de cette SDN. Or ce dernier est largement dominé par les républicains (Wilson est démocrate), partisans avant tout de l'isolationnisme, c'est-à-dire la volonté de ne plus impliquer les États-Unis dans les affaires du monde. Le traité de Versailles n'est donc pas ratifié et les États-Unis, déjà première puissance mondiale, ne feront pas partie de la SDN initiée pourtant par leur président.

1924

Le plan Dawes

À la fin de la Première Guerre mondiale, les États-Unis sont devenus les nouveaux banquiers du monde après avoir prêté sans cesse des fonds aux puissances européennes pour qu'elles puissent soutenir leur effort de guerre. De débiteurs de l'Europe avant la guerre, les Américains deviennent ainsi créanciers des Européens. Cependant, la violente crise économique qui secoue l'Allemagne et les difficultés des pays de l'Entente (France, Royaume-Uni) à rembourser leurs dettes de guerre, poussent les États-Unis à intervenir sur les plans économique et financier, en proposant un vaste plan de rééchelonnement des emprunts et des indemnités de guerre. Cette « diplomatie du dollar » s'incarne alors dans le célèbre plan Dawes, qui allège les réparations payées par l'Allemagne et qui lui permet d'obtenir un prêt de 800 millions de dollars.

1929

Le krach de Wall Street

Le jeudi 24 octobre 1929, à la Bourse de Wall Street, plus de 13 millions d'actions sont mises en vente, entraînant un mouvement irréversible de baisses des cours. Cet effondrement boursier débouche sur un effondrement du système financier et productif qui engendre de fait la ruine d'une partie de la classe moyenne et l'apparition d'un chômage de masse. En 1932, on compte plus de 15 millions de chômeurs, soit 25 % de la population active. D'autre part, en rapatriant leurs capitaux d'Europe, les Américains provoquent la faillite de tout le système financier allemand et propagent la crise hors de leurs frontières.

Neutrality act

En octobre 1935, alors que le dictateur italien Mussolini envahit l'Éthiopie et que Hitler ne cesse de dénoncer le traité de Versailles, le Congrès américain vote une loi imposant une stricte neutralité aux États-Unis. Elle interdit, en effet, aux entreprises américaines de vendre des armes ou de prêter de l'argent aux éventuels belligérants. Cette loi est largement inspirée par le courant isolationniste.

1941

La loi Prêt-bail

En 1937, Roosevelt était déjà parvenu à assouplir le *Neutrality act* en permettant le « cash and carry » : toute puissance en guerre qui souhaite acheter des armes aux États-Unis devait payer comptant en or (« cash ») et venir les chercher directement sur place (« carry »). En mars 1941, alors que les armées allemandes semblent triompher sur tous les fronts, Roosevelt promulgue la loi Prêt-bail (*Lend-lease act*).

Cette dernière permet à tout pays ami et allié des États-Unis de venir s'approvisionner, d'emprunter et de louer des armes sans restriction. Elle permet surtout au Royaume-Uni de poursuivre la guerre dans de meilleures conditions matérielles.

1941

La charte de l'Atlantique

En août 1941, le président Roosevelt rencontre le Premier ministre britannique Winston Churchill dans l'Atlantique Nord à bord du navire *Potomac*. Cette rencontre débouche sur la signature d'un texte qui pose les principes d'une paix future : droit des peuples à disposer d'eux-mêmes, dénonciation des coups de force et des agressions militaires, liberté commerciale et maritime. Cette charte inspirera également les futures Nations unies. Elle est aussi la démonstration publique du soutien des États-Unis au Royaume-Uni alors que ces derniers sont toujours officiellement neutres.

1941

Les États-Unis entrent en guerre

L'attaque des Japonais sur Pearl Harbour le matin du 7 décembre 1941 précipite l'entrée en guerre des

États-Unis. C'est désormais tout le potentiel industriel formidable de la première économie du monde que doit affronter le Japon impérial, l'Allemagne nazie et l'Italie fasciste. Dès 1942, après la signature de la Déclaration des Nations unies, tous les alliés des États-Unis peuvent se fournir en matériel et fournitures auprès d'eux. L'Oncle Sam devient ainsi l'« Arsenal des Démocraties ». Plus de 3 millions de GI sont mobilisés et font basculer le rapport de forces en faveur des Alliés. Au cours de plusieurs débarquements en Afrique du Nord, en Sicile, en Italie du Sud et surtout en Normandie le 6 juin 1944, ils entament petit à petit la libération de l'Europe de l'Ouest.

1945

Les conférences de Yalta et de Postdam

En février 1945 à Yalta, en Crimée, dans le sud de l'URSS, le Président Roosevelt rencontre Staline et le Premier ministre britannique Churchill lors d'une conférence afin de préparer l'avenir de l'Europe. L'Allemagne, dont la défaite ne fait plus de doute, sera ainsi occupée, et son potentiel militaire complètement détruit. Par ailleurs, tous s'engagent à instituer une future organisation des Nations unies. En juillet 1945, à Postdam, dans la banlieue de Berlin, les trois grandes puissances victorieuses (les États-Unis, désormais représentés par Truman, l'URSS, et le Royaume-Uni) se réunissent de nouveau pour entériner définitivement les accords de Yalta. L'Allemagne et Berlin, sa capitale, sont divisés en quatre zones d'occupation.

1945

La bombe atomique

Les 6 et 9 août 1945, les États-Unis lâchent successivement deux bombes atomiques sur les villes japonaises de Hiroshima et Nagasaki, provoquant la mort d'au moins 150 000 personnes. Elles accélèrent la capitulation du Japon le 2 septembre 1945 et hâtent la fin de la Seconde Guerre mondiale. La bombe atomique est le résultat de l'ambitieux projet Manhattan, initié dès 1942 sous la direction du physicien Oppenheimer. Le projet est aussi le fruit d'une collaboration avec le Royaume-Uni et le Canada. La première bombe expérimentale explose ainsi secrètement le 16 juillet 1945 dans le désert du Nouveau-Mexique.

1946

L'accord Blum-Byrnes

Après de longues négociations, Léon Blum, représentant du gouvernement français, et le secrétaire d'État américain Byrnes parviennent à un accord sur la dette française envers les États-Unis, contractée durant la guerre. Il prévoit également une aide d'urgence pour aider les Français à parer aux difficultés matérielles de l'immédiat après-guerre ainsi qu'un prêt de 650 millions de dollars. En contrepartie, les Français s'engagent notamment à suspendre l'interdiction de la diffusion de films américains dans les cinémas, en vigueur depuis 1933. Cet accord apparaît comme un des symboles de la volonté des Américains de diffuser au mieux, à l'échelle mondiale, leurs films et les valeurs qu'ils contiennent.

1947

La doctrine Truman et le plan Marshall

L'occupation soviétique en Europe de l'Est permet à l'URSS de favoriser l'émergence de gouvernements communistes. Face à cette expansion de fait, le successeur de Roosevelt, mort prématurément en cours de mandat, Harry Truman, est à l'origine de la doctrine du *containment* (« endiguement »). Il s'agit de contenir par tous les moyens la propagation du communisme en Europe. Dans un premier temps, le plan Marshall permet de mettre à la disposition des Européens 13 milliards de dollars afin de relever des économies ruinées par la guerre. En acceptant les prêts, les États de l'Europe de l'Ouest se placent ainsi dans la sphère d'influence américaine. Le plan Marshall a permis ainsi l'accélération de la reconstruction du continent européen.

1949-1955

Les systèmes d'alliances militaires

L'autre volet de la doctrine Truman du *containment* est militaire. Il s'agit de contenir le communisme par tout un système d'alliances qui ceinture l'URSS. En 1949, les États-Unis signent avec les États européens de l'Ouest le traité de l'Atlantique Nord qui permet la formation de l'OTAN (Organisation du traité de l'Atlantique Nord), une alliance militaire défensive. En 1951, le flan pacifique des États-Unis est protégé grâce à une alliance avec l'Australie et la Nouvelle-Zélande (l'ANZUS) et puis avec le Japon (traité de Washington). En 1955, le pacte de Bagdad ancre également le Moyen-Orient dans l'orbite américaine. Quant à l'Amérique latine, celle-ci est plus que jamais « la chasse gardée » des États-Unis avec la constitution, dès 1948, de l'OEA (Organisation des États américains). Tous ces systèmes d'alliances permettent de faire face à la menace soviétique, incarnée dans le pacte de Varsovie de 1955.

1950-1953

La Guerre de Corée

Sur le plan militaire, l'endiguement du communisme se manifeste par l'intervention en Corée. Depuis 1945, le nord de la péninsule coréenne est aux mains des communistes du Parti du Travail de Kim Il-sung. En 1950, Ils envahissent le Sud, resté libre et favorable aux États-Unis. En réaction, ces derniers, avec le soutien de l'ONU, repoussent les forces nord-coréennes. Seule une contre-offensive de volontaires chinois communistes permet de contenir l'avancée des Occidentaux. Un armistice est finalement signé à Panmunjom en juillet 1953 avec une stabilisation du front autour du 38e parallèle.

1962

La crise de Cuba

Le 14 octobre 1962, un avion de reconnaissance américain survole l'île de Cuba, à 350 kilomètres des États-Unis, et photographie l'installation de rampes de lancement de missiles soviétiques. Une des plus graves crises de la guerre froide commence dès que le Président Kennedy ordonne, le 22 octobre suivant, le blocus de l'île afin qu'aucun navire soviétique n'y accoste avec des missiles de moyenne portée. Au moindre incident, une guerre nucléaire pouvait ainsi éclater. Mais le 28 octobre, le dirigeant soviétique Nikita Khrouchtchev recule et ordonne à la fois le retour des navires russes en route alors pour Cuba, et la destruction des rampes de lancement. On apprendra plus tard que les États-Unis se sont engagés, en échange, à retirer leurs missiles en Turquie.

1964-1973

La guerre du Vietnam

En 1954, à la fin de la colonisation française, le Vietnam est divisé en deux : une République communiste au Nord, dirigée par le leader Ho Chi Minh, et un régime autoritaire incarné par Ngô Đình Diêm au Sud, protégé par les États-Unis. Au début des années 1960, la guérilla communiste présente au Sud, soutenue par le Nord, intensifie ses attaques contre le régime de Diêm. Kennedy décide dans un premier temps d'envoyer des conseillers militaires. Cependant, dès 1964, le nouveau Président américain Johnson envoie la flotte américaine et fait bombarder massivement le Nord-Vietnam. Cette guerre divise alors l'opinion américaine et attise un sentiment d'anti-américanisme dans le monde. Des négociations de paix aboutissent aux accords de cessez-le-feu signés à Paris en janvier 1973. Cependant, en avril 1975, les troupes communistes envahissent définitivement le Sud et prennent la capitale Saigon. Cette guerre a fait au total plus d'un million de morts dont plus de 75 000 Américains.

1969

Le Premier homme sur la Lune

Le 20 juillet 1969, Neil Armstrong, commandant de l'expédition *Apollo XI*, est le premier homme à poser le pied sur la Lune. Cet événement, suivi en direct à la télévision par plus de 500 millions de téléspectateurs, consacre aux yeux du monde la victoire des États-Unis dans la course à l'espace contre les Soviétiques. Les Américains étaient d'abord distancés et abasourdis par les succès soviétiques comme le premier satellite artificiel *Spoutnik* ou l'exploit de Youri Gagarine, premier homme dans l'espace. En 1961, le programme Apollo est enclenché par le président Kennedy qui fixe à la NASA l'objectif d'atteindre la Lune avant la fin de la décennie. Cette mission est un vrai succès mais se termine au milieu des années 1970 pour des raisons budgétaires.

1979

La Révolution iranienne et la crise des otages

En 1979, après plusieurs mois de manifestations, le shah d'Iran Mohammad Reza Pahlavi, monarque absolu, abandonne le trône et part en exil. Très vite, les islamistes regroupés derrière la figure morale et religieuse de l'ayatollah Khomeiny prennent le pouvoir et réalisent la révolution islamique. La loi religieuse s'applique désormais dans tous les aspects de la vie quotidienne. Les opposants sont traqués et éliminés et l'on assiste à de grandes purges contre les partisans du Shah, dans l'armée et dans l'appareil administratif. Le 4 novembre 1979, alors que le Shah est hospitalisé aux États-Unis, plus de 400 étudiants fanatisés prennent d'assaut l'ambassade américaine et retiennent en otage plus d'une cinquantaine de personnes. Ils réclament l'extradition du souverain déchu. Cette crise des otages est une humiliation mondiale pour les États-Unis, qui se montrent impuissants à la régler rapidement. Les otages sont finalement libérés au bout de 444 jours mais cette affaire empêche la réélection du président Jimmy Carter.

1983

L'Initiative de défense stratégique (IDS)

En 1983, l'administration du Président Reagan révèle au public la mise en chantier de l'IDS, popularisée sous le nom de « guerre des étoiles ». Il s'agit d'un ambitieux programme de haute technologie permettant de déployer dans l'espace tout un arsenal visant à intercepter un éventuel missile soviétique lancé contre le territoire américain. On parle ainsi d'un véritable bouclier antimissile. Ce programme avait surtout pour but de surclasser définitivement la technologie soviétique, déjà freinée par les problèmes économiques de l'URSS.

1987

Le traité de Washington et la fin de la guerre froide

L'arrivée au pouvoir en URSS de Mikhaïl Gorbatchev en 1985 est un véritable tournant dans la guerre froide. Conscient des faiblesses de son pays et de son impossibilité à soutenir une nouvelle course aux armements avec les Américains, il préfère une solution négociée et rencontre le Président Reagan en octobre 1986 à Reykjavík en Islande. Cette rencontre débouche un an plus tard, le 8 décembre 1987, à la signature du traité de Washington, dans lequel les deux rivaux de la guerre froide s'engagent à éliminer les armes nucléaires de courte et moyenne portées (missiles SS 20 et Pershing). En juillet 1991, l'accord dit START 2 élimine les armes de longue portée.

1991

La guerre du Golfe

Le 2 août 1990, Saddam Hussein, le dictateur irakien, envahit le Koweït, petit pays voisin, riche en pétrole, et menace ainsi la stabilité du golfe Arabo-persique. Les États-Unis du président George H. W. Bush prennent la tête d'une vaste coalition d'une trentaine d'États englobant à la fois des pays occidentaux et des pays de la péninsule arabique. Cependant, les Américains mobilisent le plus grand nombre de soldats et de matériel. La guerre commence véritablement le 17 janvier 1991 par toute une série de bombardements stratégiques qui aboutit à la destruction d'une partie du potentiel de défense irakien. En février 1991, une offensive éclair de quelques jours permet de repousser les forces terrestres irakiennes.

Mais les coalisés refusent d'aller jusqu'à Bagdad et de renverser Saddam Hussein. Ce dernier en profite pour écraser les révoltes des Chiites et des Kurdes, parfois avec des armes chimiques.

1995

Les accords de Dayton

Les accords de Dayton du 14 décembre 1995 mettent fin aux quatre années de conflits qui ont ensanglanté l'ancienne république yougoslave de Bosnie-Herzégovine. Ils symbolisent le rôle de « gendarme du monde » acquis par les États-Unis au milieu des années 1990 et leur réussite à imposer la paix là où l'Union européenne avait échoué à enrayer la guerre. À l'issue de ces accords, la Bosnie-Herzégovine devenait indépendante mais transformée en État fédéral divisé en deux républiques : une République serbe au Nord et une République croato-musulmane au Sud.

1998

Les attentats de Nairobi et de Dar es Salam

Le 7 août 1998, les ambassades américaines de Nairobi, au Kenya, et de Dar es Salam, en Tanzanie, sont les cibles d'attentats suicides. On dénombre plusieurs dizaines de morts dont douze Américains. Ces attaques terroristes surviennent trois ans avant le 11 septembre et mettent en lumière le réseau terroriste Al Qaïda, fondé par le milliardaire saoudien Ben Laden. Ils symbolisent également la montée de l'islamisme radical et son opposition à l'« hyperpuissance » des États-Unis au cours des années 1990.

2001

Les attentats du 11 septembre

Le matin du mardi 11 septembre, des attentats de grande ampleur sont commis sur le territoire américain. C'est la première fois depuis l'attaque de Pearl Harbor que les États-Unis sont attaqués sur leur sol. Le choc est immense dans le monde entier. Une équipe de dix-neuf terroristes, coordonnée par un certain Mohammed Atta, détourne quatre avions au départ d'aéroports américains. Deux sont jetés dans les tours du World Trade Center de New York, un autre sur le Pentagone. Le dernier, le fameux vol 93, devait avoir Washington pour cible, mais les passagers arrivent à temps à maîtriser les terroristes. L'avion s'écrase alors en Pennsylvanie. On dénombre plus de 3000 morts et plusieurs milliers de blessés. Ces attentats sont très vite revendiqués par l'organisation terroriste islamiste Al Qaïda et Oussama Ben Laden.

2008

La faillite de Lehmann Brothers

Le 13 septembre 2008, la grande banque d'affaires de New York Lehmann Brothers connaît une faillite retentissante faute de liquidités suffisantes. L'onde de choc se propage immédiatement à toutes les places financières et aux autres banques, faisant entrer ainsi le monde dans la pire crise économique depuis les années 1930. Cette faillite est aussi la conséquence de la grande crise immobilière dite des « subprimes » qui touche les États-Unis depuis 2007 et qui se manifeste par l'incapacité de nombreux particuliers insolvables de rembourser leurs crédits, souvent accordés à taux variables. Dépossédés de leurs maisons, de nombreux Américains se retrouvent parmi les mal-logés de la périphérie des grandes villes.

LA CHINE ET LE MONDE DE 1919 À NOS JOURS

1911

La fin de l'Empire mandchou

En 1911, une série de troubles politiques aboutissent au renversement du dernier empereur Puyi, alors âgé de cinq ans. Il est le dernier représentant de la dynastie Qing d'origine mandchoue, établie sur le trône impérial depuis 1644. Les Qing sont accusés depuis le milieu du XIXe siècle par les milieux nationalistes chinois d'avoir humilié la Chine en ayant signé des traités dits « inégaux » avec les puissances occidentales. Ces dernières se disputent de vastes zones d'influence sur le territoire chinois et des concessions importantes où ils investissent, aménagent et exploitent sans en rendre compte aux autorités chinoises laissées en place. La révolution de 1911 s'inscrit dans la droite ligne des troubles de la fin du siècle précédent et notamment la fameuse révolte des Boxers de 1899, durant laquelle plusieurs pays européens, les États-Unis et le Japon ont dû envoyer des troupes pour protéger leurs ressortissants.

1912

Fondation du Guomindang

Fondé par Sun Yat-sen, le parti nationaliste s'appuie sur les « trois principes du peuple » : indépendance, souveraineté du peuple et anti-impérialisme. Ses principales priorités sont donc la défense de la souveraineté chinoise face à la domination des puissances étrangères et la volonté de garantir l'unité du pays. Le successeur de Sun Yat-sen, Tchang Kaï-shek, devient l'homme fort de la Chine à partir de 1927. Il occupe le devant de la scène politique jusqu'en 1945, en poursuivant deux buts : sauver le pays des impérialismes occidentaux et combattre les communistes de Mao.

1917

Entrée en guerre de la Chine aux côtés de l'Entente

En 1914, le Japon profite du déclenchement de la guerre en Europe pour mettre la main sur les concessions appartenant aux Allemands et notamment une grande partie du Shandong. L'année suivante, les Japonais présentent vingt et une demandes au gouvernement chinois visant à placer la Chine sous la dépendance totale de l'Empire nippon. Face aux revendications trop pressantes de leur voisin mais aussi à l'omniprésence de leurs intérêts, les Chinois décident de rentrer en guerre aux côtés de l'Entente, afin de peser dans les futures négociations de paix et de recouvrer leur souveraineté.

1919

Le mouvement du 4 mai

Avec le traité de Versailles, les Alliés attribuent définitivement aux Japonais les anciens territoires allemands conquis au début de la guerre. Cette décision engendre des troubles un peu partout en Chine dans les milieux nationalistes. Ainsi, le 4 mai 1919, plus de 3 000 étudiants chinois manifestent à Pékin, distribuant des tracts appelant à défendre l'intégrité territoriale de la Chine. Ce mouvement provoque de nombreux troubles dans le pays, des grèves à Shanghai et des boycotts de produits japonais. Ce mouvement est le symbole du réveil nationaliste chinois et du rejet de la domination étrangère. Chen Duxiu, l'un des meneurs de ce mouvement, veut moderniser la Chine et lui donner une place nouvelle dans le monde : « Si nous persistons à rêver de nos dynasties passées [...], notre peuple sera placé hors du XXe siècle et réduit à vivre comme les esclaves et les bêtes. »

1921

La fondation du Parti communiste chinois

Le Parti communiste chinois (PCC) est fondé à Shanghai en juillet 1921, au sein de la concession française. À ses débuts, il ne regroupe que cinquante-sept membres (parmi lesquels un jeune instituteur : Mao Zedong). Dès sa naissance, le PCC adhère à la IIIe Internationale, créée par Lénine, le dirigeant de l'Union soviétique en 1919 dans le but de coordonner tous les partis communistes pour réaliser la Révolution mondiale. Cette Internationale condamne ouvertement l'impérialisme et le colonialisme. Cependant, la faiblesse du PCC l'oblige à une alliance avec le

Guomindang. Cette alliance est soutenue par l'Union soviétique, qui n'hésite pas à fournir des armes à la fois aux nationalistes et aux communistes chinois.

1924

Le front uni entre le Guomindang et le Part Communiste Chinois

Dans un premier temps, l'alliance entre le Guomindang et le PCC semble naturelle, car ils ont le même but, à savoir la fin des concessions occidentales et la fin de la domination étrangère. La fusion est officiellement réalisée en janvier 1924 lors du Congrès de réorganisation du Guomindang. Cependant, les progrès rapides du PCC, qui rassemble près de 60 000 membres au printemps 1927, ainsi que sa capacité à mobiliser les masses, inquiètent les nationalistes. Le nouveau chef des nationalistes, Tchang Kaï-shek, qui a succédé à Sun Yat-sen mort en 1925, décide de rompre avec les communistes dès 1927.

1927

Le coup de Shanghai et le début de la guerre civile

Le 12 avril 1927, Tchang Kaï-shek ordonne le massacre des communistes et des syndicalistes, désormais devenus une menace pour les nationalistes. Largement dominés par les moyens techniques et la supériorité numérique de ces derniers, les communistes fuient les grands centres urbains, où leur audience était très importante, et se réfugient dans le Jianxi, une province du sud de la Chine. Ils y fondent une « République soviétique chinoise » dont l'organisation est calquée sur le modèle soviétique. Mao s'illustre en organisant une « Armée rouge », pour lutter contre les nationalistes et pour établir un régime communiste en Chine. C'est le véritable début de la guerre civile, qui doit se poursuivre jusqu'en 1949.

1931

Occupation de la Mandchourie par les Japonais

En septembre 1931, les Japonais fomentent un faux attentat contre une ligne de chemin de fer à Moukden, en Mandchourie, dans le nord de la Chine, appartenant à une société japonaise. Il s'agit d'un prétexte pour envahir cette province riche en matières premières et mettre la main sur un territoire convoité depuis la guerre russo-japonaise de 1905. Ainsi, en quelques jours, les troupes japonaises envahissent la Mandchourie et, l'année suivante, ils créent un État fantoche : le Mandchoukouo. Ils installent à sa tête l'ancien empereur chinois Puyi.

1934-1935

La Longue Marche

Le général Tchang Kaï-shek a pour objectif au début des années 1930 l'anéantissement des communistes. À la fin de l'année 1933, il lance une grande offensive contre les bases révolutionnaires du sud-est de la Chine. L'Armée rouge communiste de Mao bat en retraite et effectue entre 1934 et 1935 sa « Longue Marche » à travers la Chine. Les communistes chinois trouvent finalement refuge sur les hauts plateaux du Nord-Ouest, dans le Shaanxi, qui devient leur nouvelle base. Il y avait quelque 90 000 à 100 000 hommes au départ. Il n'y en a plus que 7 à 8 000 à l'arrivée. Cette épopée devient légendaire et servira toute la propagande future du Parti communiste chinois. Elle permet également à Mao de s'affirmer comme chef des communistes chinois.

1937

L'invasion japonaise

Le 3 juillet 1937, prétextant un incident frontalier, le Japon envahit la Chine, depuis ses bases de

Mandchourie. Les Japonais bombardent et occupent rapidement les régions les plus riches du nord du pays. Tour à tour, ils s'emparent des grandes villes, parfois avec une rare violence, comme à Nankin. Cette ville est mise à sac par les forces nippones, faisant des dizaines de milliers de morts. L'agression japonaise a pour conséquence immédiate de réconcilier, le temps du conflit, nationalistes et communistes chinois. L'Armée rouge de Mao accepte de combattre aux côtés de l'armée nationaliste. Pour la Chine, la guerre commence en 1937 et se poursuit jusqu'en 1945. L'occupation japonaise se révèle très dure. Tout l'est du pays est soumis à une exploitation totale pour alimenter l'effort de guerre de l'armée impériale du Japon.

1945

La Chine dans le camp des vainqueurs

En 1943, Tchang Kaï-shek participe à la conférence du Caire aux côtés de Roosevelt et Churchill. Avec l'URSS, la Chine devient de fait, le « quatrième Grand » combattant contre les forces de l'Axe. Le 2 septembre 1945, lorsque le Japon capitule, la Chine est considérée comme une nation victorieuse. La guerre en Chine a été très dure et les victimes se comptent en millions. À ce titre, la Chine devient l'un des cinq membres permanents du Conseil de sécurité de la toute nouvelle ONU, créée en 1945. Cependant, une fois la guerre contre les Japonais terminée, la guerre civile reprend immédiatement.

1949

La naissance de la République populaire de Chine

Une fois les Japonais défaits et partis, les deux camps, nationalistes et communistes, se lancent dans une guerre pour contrôler le pays à partir de 1946. Malgré l'appui des États-Unis, l'armée nationaliste de Tchang Kaï-shek est battue par celle de Mao en 1949 et s'enfuit à Taïwan avec la protection de la flotte américaine. Il y fonde une nouvelle république nationaliste. Mao, quant à lui, proclame à Pékin, la naissance de la République populaire de Chine. Bien que la Chine continentale soit communiste, les puissances occidentales ne reconnaissent pas le nouveau régime. En conséquence, le siège de la Chine au conseil de sécurité de l'ONU revient à la république nationaliste. Seule l'Union soviétique et les autres pays socialistes reconnaissent la République populaire de Chine. Par ailleurs, la conséquence majeure de la victoire des communistes à Pékin est la disparition définitive des ambitions occidentales dans l'empire du Milieu.

1950

L'invasion du Tibet

Le Tibet est un État plus ou moins autonome dans la première moitié du XXe siècle, loin des troubles qui secouent la Chine. Il n'en demeure sans cesse revendiqué par le gouvernement de Pékin, quel qu'il soit. Le Tibet est une théocratie dirigée par le Dalaï-lama, véritable chef spirituel. En 1950, une fois le régime communiste de Mao bien installé, la Chine envahit militairement le Tibet. Elle impose aux autorités tibétaines un traité en 1951 qui place le territoire sous la dépendance totale des Chinois. Néanmoins, les communistes chinois laissent en place le Dalaï-lama et les structures traditionnelles de la société tibétaine. En 1959, le Dalaï-lama finit par prendre la route de l'exil en Inde, laissant définitivement les mains libres aux Chinois.

1950-1954

Les interventions en Asie

Le basculement de la Chine dans le communisme représente une rupture géopolitique majeure pour l'équilibre du continent asiatique. Dès son avènement au pouvoir, Mao décide de soutenir les communistes vietnamiens, dirigés par Ho Chi Minh, en guerre contre les Français qui ont colonisé le pays au XIXe siècle. Ce soutien passe par l'envoi massif d'armes et de matériels jusqu'en 1954. Par ailleurs, à partir de 1950, la Chine décide de soutenir également les Nord-Coréens communistes, en pleine débâcle face aux troupes américaines qui ont débarqué dans le Sud. Des milliers de « volontaires » chinois participent activement au conflit jusqu'en 1953.

1955

Conférence de Bandung

Du 18 au 24 avril 1955, le dirigeant indonésien Soekarno accueille à Bandung, sur l'île de Java, la première grande conférence afro-asiatique, avec vingt-neuf pays représentés. C'est le premier acte d'affirmation des pays du « tiers-monde » (une expression du sociologue français Alfred Sauvy pour qualifier le troisième monde aux côtés du bloc de l'Ouest et du bloc de l'Est) sur la scène internationale. Cette conférence débouche sur un acte final qui condamne fermement l'impérialisme colonial et la domination européenne sur le continent africain. Parmi les principales puissances présentes à Bandung, on relève l'Égypte du président Nasser, l'Inde de Nehru et la Chine communiste, représentée par Zhou Enlai. Ce dernier en profite pour sortir son pays de l'isolement en nouant des contacts avec les nouveaux pays indépendants d'Afrique et d'Asie.

1958-1961

Le grand bond en avant

Après la mort de Staline (le 5 mars 1953), les relations sino-soviétiques se dégradent. Mao n'approuve pas les réformes menées par le nouveau leader soviétique (Khrouchtchev). Aussi décide-t-il d'abandonner le modèle soviétique sur le plan économique (tout en restant l'allié de l'URSS) et de proposer sa propre stratégie de développement : le « grand bond en avant ». Mao appelle les Chinois à redoubler d'efforts pour accroître rapidement la production (les paysans dorment dans les champs pour travailler plus ; on construit des automobiles en bois...) afin de pouvoir rattraper en quelques années l'Angleterre et les États-Unis. Les résultats d'une telle politique se révèlent catastrophiques tant du point de vue économique qu'humain et débouchent sur une famine qui fait plus de 36 millions de morts.

1962

Guerre contre l'Inde

Suite à l'annexion du Tibet, la Chine revendique sa souveraineté sur bon nombre de territoires himalayens, dont la majorité est sous contrôle indien. En 1962, plusieurs dizaines de milliers de soldats chinois s'emparent des régions du Ladakh et du Cachemire. Cette décision surprend l'Inde, qui ne dispose que de très peu de troupes le long de la frontière chinoise. La majorité des soldats indiens est tuée très rapidement après l'invasion. Le cessez-le-feu est signé le 20 novembre 1962 et les Chinois se replient de tout le nord de l'Inde en annexant quelques vallées de l'Himalaya. Depuis cette date, il existe un contentieux territorial entre ces deux grandes puissances asiatiques.

1963

Rupture des relations entre Moscou et Pékin

Les relations sino-soviétiques se dégradent à partir de la fin des années 1950, au moment de la dénonciation des crimes du stalinisme au XXe Congrès du Parti communiste d'Union soviétique et par les critiques de Khrouchtchev de la politique du grand bond en avant.

Les Soviétiques suspendent leur aide économique, militaire et scientifique dès 1960. Par ailleurs, ils n'apportent aucun soutien à la Chine dans son conflit avec l'Inde. Mao dénonce le « révisionnisme » des dirigeants soviétiques, accusés de renoncer à l'idéal communiste. En 1963, les tensions entre Moscou et Pékin sont rendues publiques. Il n'y a plus ni relations ni contacts à partir de 1965.

1964

La France reconnaît officiellement la République populaire de Chine

Le 31 janvier 1964, le gouvernement français du général de Gaulle décide de mettre fin à l'isolement diplomatique de la Chine en la reconnaissant officiellement sur la scène internationale. Il s'agit pour la France d'entériner un état de fait et de nouer des contacts avec un pays influent en Asie. C'est une décision qui s'inscrit également dans la volonté de la France de se démarquer des États-Unis et de remettre en cause la logique des blocs. Au même moment, la Chine cherche à rompre son isolement alors qu'elle-même s'est éloignée de l'URSS.

1964

La Chine et la bombe A

Dans les années 1950, Mao souhaite que la Chine se dote de l'arme atomique afin qu'elle puisse faire partie des grandes puissances. La présence des États-Unis en Corée du Sud et au Japon est perçue comme une menace par les Chinois, qui ont pris conscience de leur faiblesse au cours de la guerre de Corée. Les Soviétiques apportent leur aide à l'obtention de l'arme atomique. Cependant, avec la dégradation de leurs relations, le dirigeant soviétique Khrouchtchev décide de suspendre son aide. Les Chinois poursuivent seuls leurs essais, et font exploser leur première bombe atomique en 1964 dans le désert du Xinjiang, et leur première bombe à hydrogène en 1967.

1966

Révolution culturelle

Après l'échec du grand bond en avant, Mao doit faire face à une forte opposition au sein du Parti Communiste. Il laisse le poste de président de la République populaire de Chine à Liu Shaoqi (Liou cho-chi). Ce dernier prend ses distances avec Mao et critique ouvertement les choix économiques de la décennie précédente et notamment la grande famine.

Face à cette contestation, Mao, isolé, lance en 1966 la révolution culturelle contre ses opposants. Il s'agit d'une véritable insurrection des jeunes gardes rouges, recrutés dans les universités, brandissant le *Petit Livre rouge* (recueil de citations de Mao) et qui mènent toute une série d'exactions contre les cadres du Parti. Elle aboutit au rétablissement au pouvoir de Mao et à une véritable purge dans les rangs des anciens communistes. Liu Shaoqi meurt en prison en 1968.

1969

Incidents frontaliers avec l'URSS

Au cours de l'année 1969, toute une série d'incidents frontaliers ont lieu entre l'URSS et la Chine, témoignant militairement de la rupture entre les deux États communistes officiellement consommée en 1960. Dès le mois de mars 1969, les Chinois tendent une embuscade aux soldats sur le fleuve Oussouri. Les Soviétiques envoient des chars et bombardent intensément la base des Chinois afin de les repousser. Ces derniers se replient à partir du 16 mars 1969. Les combats cessent jusqu'en août puis reprennent. Les deux puissances menacent d'avoir recours à l'arme atomique, avant de faire retomber à nouveau la tension. Il faudra attendre 1991 pour que les deux belligérants signent un accord sur ce différend frontalier.

1971

Nixon en Chine : le rapprochement sino-américain

Profitant de la discorde entre la Chine et l'URSS, les États-Unis tentent un rapprochement avec Mao. Le secrétaire d'État américain, Henry Kissinger, s'y rend plusieurs fois de manière officieuse afin de préparer la reconnaissance officielle par son pays de la Chine communiste. Il s'agit également de s'appuyer sur la Chine pour éventuellement régler le problème vietnamien. En 1971, la visite officielle du Président Nixon couronne ce rapprochement sino-américain. En conséquence, la République populaire de Chine remplace Taiwan comme membre permanent du Conseil de sécurité.

1978

Les ZES

La politique de modernisation économique initiée par Deng Xiaoping s'accompagne d'une ouverture de la Chine sur le monde extérieur, en particulier vers l'Occident. En juin 1979, cinq « zones économiques spéciales » sont créées, dans le but d'accueillir des entreprises étrangères. Celles-ci bénéficient d'immenses zones franches et d'une main-d'œuvre abondante sous-payée, pour fabriquer des produits à faible valeur ajoutée en grand nombre. La Chine s'ouvre alors massivement aux investissements étrangers en concluant de nombreux accords économiques avec les grandes puissances occidentales comme les États-Unis, l'Europe et le Japon. En avril 1980, la Chine intègre même le FMI.

1989

L'écrasement de la place Tian'anmen

En juin 1989, on assiste à toute une série de manifestations d'étudiants de Pékin réclamant la libéralisation du régime. Elles sont influencées par la libéralisation des pays communistes d'Europe de l'Est et par les réformes de Gorbatchev en URSS. La contestation s'étend bientôt à d'autres catégories sociales et à d'autres villes chinoises. Beaucoup réclament des réformes et s'insurgent également de l'accroissement des inégalités sociales. Dans la nuit du 3 au 4 juin, sur ordre de Deng Xiaoping, les blindés dégagent brutalement la place Tian'anmen à Pékin, lieu symbolique des manifestations étudiantes et une sévère répression frappe le reste du pays. On dénombre alors plusieurs milliers de morts.

1992

« Le socialisme de marché »

En 1992, Deng Xiaoping qualifie d'« économie socialiste de marché » le nouveau contexte chinois, fruit de plus d'une décennie de réformes majeures. On concilie à la fois l'esprit du capitalisme et du profit avec le régime autoritaire communiste. Les congrès du Parti fixent ainsi toujours les grandes orientations des réformes structurelles. Pour Deng Xiaoping, il est ainsi « glorieux de s'enrichir ». On voit donc apparaître une classe nouvelle d'hommes d'affaires, souvent proches du Parti, qui créent des entreprises en partenariat avec les grands groupes étrangers qui souhaitent investir en Chine.

1997-1999

Rétrocession de Hong Kong et de Macao

En 1980, un accord intervient entre le Royaume-Uni et la République populaire de Chine concernant la rétrocession de Hong Kong à la Chine. C'est la dernière colonie anglaise en Asie et le dernier symbole des humiliations chinoises du XIXe siècle. Par ailleurs,

Hong Kong est devenue, à partir des années 1960, une ville prospère et en pleine croissance économique. Elle attise également les appétits de Pékin car elle est devenue aussi la principale place financière d'Extrême-Orient. La rétrocession a lieu officiellement le 1er juillet 1997, après que la Chine a reconnu un statut spécial à Hong Kong. Le même accord a eu lieu également avec le Portugal, pour le retour en 1999 de Macao dans le giron chinois.

2001

La Chine à l'OMC

Après d'intenses négociations, la Chine intègre officiellement l'OMC (Organisation mondiale du commerce) en novembre 2001. C'est l'aboutissement logique d'une évolution de vingt ans du système chinois, du communisme planificateur au « socialisme de marché ». Les investissements directs en direction de la Chine connaissent une croissance vertigineuse (passant de 4 milliards de dollars en 1988 à 65 milliards en 2004). Profitant de leur entrée à l'OMC, les Chinois peuvent exporter davantage en faisant reculer certaines mesures protectionnistes de leurs concurrents, comme les quotas textiles de l'Union européenne. La Chine devient alors un pivot essentiel de l'économie mondiale.

2010

La Chine, deuxième puissance économique

La Chine est devenue en une trentaine d'années la deuxième puissance mondiale avec un PIB global de 7 200 milliards de dollars. Le pays est ainsi devenu l'« usine du monde » et peut à son tour investir dans le monde entier. Les Chinois ont acheté par exemple le port du Pirée en Grèce ou obtenu le marché de la construction des autoroutes en Pologne. Cependant, c'est vers l'Afrique que se tournent les ambitions de Pékin, en investissant dans les matières premières comme le pétrole en Angola, le charbon en Afrique du Sud, ou encore le cobalt et le cuivre au Congo et en Zambie.

LE PROCHE-ORIENT DE 1918 À NOS JOURS

1916

Les accords Sykes-Picot

Alors que la Première Guerre mondiale fait rage en Europe et sur les fronts orientaux, Mark Sykes et François-Georges Picot, représentant respectivement le Royaume-Uni et la France, se réunissent dans le plus grand secret afin de se partager les futures dépouilles de l'Empire ottoman. L'enjeu est considérable dans la mesure où les puissances de l'Entente convoitent le potentiel pétrolier considérable découvert juste avant la guerre. D'après cet accord, la France récupérerait un immense protectorat en Syrie, entre Damas et Mossoul. Les Anglais, quant à eux, se réservent le sud de l'Irak entre Bagdad et Bassora. La Terre Sainte, autour de Jérusalem, aurait un statut international.

1917

La déclaration Balfour

Dans le contexte de la Première Guerre mondiale, le ministre des Affaires étrangères britannique Lord Balfour accède aux demandes du chef de file du mouvement sioniste, Chaïm Weizmann, qui réclamait un État pour les immigrés juifs établis en Palestine. Ils sont alors à peu près 100 000. Cependant, Lord Balfour décide seulement, dans une lettre ouverte, d'établir « un foyer national » juif au Proche-Orient. La dénomination est floue mais satisfait le mouvement sioniste dans un premier temps. Ce « foyer » permettra aux milliers de Juifs, victimes de l'antisémitisme en Europe (surtout à l'Est), d'émigrer vers la Palestine plus facilement.

1918

La défaite de l'Empire ottoman

Fragilisé par la grande révolte arabe du cheikh Hussein, gardien des lieux saints de l'Islam, l'Empire ottoman s'effondre au cours du mois de septembre 1918. Les Arabes et les Anglais entrent à

Damas le 29 septembre. Le 30 octobre 1918, les Turcs signent l'armistice à Moudros. Les Français débarquent en Syrie et au Liban alors que la flotte britannique mouille dans les détroits des Dardanelles et du Bosphore. Les puissances victorieuses s'approprient des pans entiers de l'Empire ottoman alors qu'elles avaient promis la constitution d'un grand royaume arabe indépendant.

1920

Le traité de Sèvres

Alors que l'Allemagne signe en juin 1919 le traité de Versailles, l'année suivante, c'est au tour de l'Empire ottoman de signer l'humiliant traité de Sèvres. Les Turcs doivent abandonner tous les territoires arabes au sud des monts Taurus, la région de Smyrne et d'Edirne à la Grèce, et le nord-est de l'Anatolie aux Arméniens. D'autre part, le traité prévoit un territoire autonome kurde au sud-est de l'Anatolie. L'Empire ottoman perd donc les deux tiers de son territoire et devient quasiment vassal des puissances victorieuses de l'Entente : le Royaume-Uni, la France et l'Italie.

1923

Le traité de Lausanne

En réaction à la défaite et aux humiliations du traité de Sèvres, un groupe d'officiers nationalistes turcs se révolte contre le sultan Mehmet VI. Ils sont conduits par le général Mustapha Kemal, héros de la bataille des Dardanelles de 1915. Ils réussissent en moins de deux ans à reprendre une partie des territoires perdus avec le traité de Sèvres, comme la Thrace orientale, l'Arménie, la Cilicie et la région de Smyrne. Mustapha Kemal s'impose comme l'homme fort de la Turquie nouvelle et impose un nouveau traité à Lausanne en 1923. La France, le Royaume-Uni et l'Italie, las de la guerre en Orient, entérinent les changements de frontières.

1924

L'abolition du califat

Le démantèlement de l'Empire ottoman a pour conséquence de jeter le discrédit sur le sultan Mehmet VI, jugé incapable et rendu responsable de la défaite. En 1922, Mustapha Kemal abolit le sultanat pour proclamer la nouvelle République turque, mais il laisse en place le Califat, c'est-à-dire le titre religieux le plus important dans l'Islam. Il faut attendre 1924 pour que le titre de calife soit définitivement aboli afin de pouvoir favoriser l'avènement d'une république laïque. La fin du califat laisse les musulmans sunnites sans représentant spirituel.

1928

Création des Frères musulmans

En Égypte, en 1928, Hassan al-Banna, un jeune instituteur de 22 ans, crée la Confrérie des Frères musulmans dans un contexte de rejet complet des valeurs occidentales. L'Égypte étant alors sous protectorat anglais, le pays est en ébullition. En 1936, Hassan al-Banna publie un manifeste en cinquante points qui résume le programme des Frères musulmans : instauration d'un grand État islamique et application de la charia. Le but des Frères musulmans est d'imposer l'Islam comme fondement de la société et de poursuivre la diffusion de la foi. Leur audience n'augmentera qu'à partir des années 1970.

1936

La grande révolte arabe

Au milieu des années 1930, les persécutions des Juifs en Allemagne et en Europe de l'Est accélèrent l'émigration vers la Palestine. Ils sont alors plus de 300 000.

Cet afflux provoque la colère des Arabes de Palestine qui se révoltent à la fois contre la présence des Juifs mais aussi contre les Britanniques qui exercent alors un mandat de la Société des Nations sur cette région. Pour se défendre, les Juifs organisent alors une force armée : la *Haganah*. Les Britanniques, quant à eux, écrasent dans un premier temps les révoltés arabes. Pour apaiser la situation, ils décident ensuite de limiter drastiquement l'immigration juive et de traquer les membres de la *Haganah*. Ces derniers n'hésitent d'ailleurs plus à fomenter des attentats contre les Britanniques.

1945

Les accords du Quincy

En février 1945, le Président des États-Unis Franklin D. Roosevelt se rend en Arabie Saoudite pour y rencontrer le roi Ibn Séoud à bord du croiseur *USS Quincy*. Les deux pays signent alors un traité d'alliance (le pacte du Quincy) qui garantit aux entreprises américaines Standard Oil of California et Texas Company le monopole de l'exploitation du pétrole saoudien par l'intermédiaire de l'Aramco (Arabian American Oil Company). Les États-Unis occupent dès lors une place centrale au Proche-Orient et se présentent clairement comme les protecteurs du royaume saoudien. En pleine croissance économique, ils ont un grand besoin de pétrole bon marché pour alimenter leur industrie dynamique.

1945

Création de la Ligue arabe

Cette organisation internationale est fondée au Caire en mars 1945 et a pour vocation de réunir tous les États arabes et d'avoir une position commune sur les problèmes majeurs touchant le Proche-Orient. Ainsi, dès 1945, elle condamne l'occupation française en Syrie et au Liban, puis apporte son soutien aux indépendantistes du Maghreb et de Libye. Son action s'oriente très vite vers la situation en Palestine, en rejetant catégoriquement l'existence d'Israël. Toutefois, les pays membres sont souvent divisés sur d'autres dossiers, notamment à propos des relations à entretenir avec les États-Unis.

1947

L'épisode de l'*Exodus*

Alors que la guerre est terminée en Europe, les Anglais ont maintenu leurs quotas d'immigrants en Palestine. En juillet 1947, plusieurs milliers de Juifs, fuyant l'Allemagne et l'Europe de l'Est, cherchent cependant à rejoindre la Palestine, véritable terre promise après les souffrances de la guerre et l'horreur de la Shoah. Affrétant un navire, l'*Exodus*, ils tentent d'atteindre la Palestine clandestinement. Arrêtés par les Britanniques, ils sont renvoyés en Allemagne, provoquant un immense scandale international.

1947

Le plan de partage de la Palestine

En 1947, le Royaume-Uni, affaibli par la Seconde Guerre mondiale, est complètement dépassé par les événements de Palestine. Les Anglais décident donc de faire appel à l'ONU naissante pour essayer de trouver une solution au problème. Cette dernière crée une commission qui propose, après un temps de réflexion, un plan de partage entre Arabes et Juifs. L'ONU préconise alors deux États à peu près égaux en superficie. D'abord accepté par les Juifs, ce plan sera dénoncé par les Arabes, qui refusent tout abandon de souveraineté sur la Palestine.

1948

La naissance de l'État d'Israël

L'État d'Israël est officiellement proclamé le 14 mai 1948, après le départ des Britanniques de la Palestine. Dès le lendemain de sa naissance, Israël est attaqué par ses voisins arabes (Égypte, Jordanie, Syrie et Liban). Les forces en présence apparaissent déséquilibrées, mais les Israéliens parviennent, grâce à l'efficacité de leur armée, *Tsahal*, et de leurs équipements, à repousser les agresseurs. Israël profite de sa victoire pour agrandir le territoire concédé par l'ONU. L'autre conséquence du conflit est l'échec de la création d'un État arabe. De nombreux Palestiniens quittent alors Israël, tandis que d'autres sont volontairement expulsés. Ils deviennent pour la plupart des réfugiés vivant dans des camps présents dans les pays voisins.

1951

Mossadegh nationalise le pétrole en Iran

Mossadegh devient, en 1951, chef du gouvernement du shah d'Iran, avec un programme nationaliste, s'opposant ainsi aux ambitions impérialistes des Anglais et des Américains. Il nationalise ainsi le pétrole iranien afin d'obtenir les moyens de développer le pays, et met fin au monopole de l'anglo-iranien Oil Company.

Il expulse également les techniciens anglais. Les pays occidentaux décident de ne plus importer de pétrole iranien en guise de mesure de rétorsion. Mossadegh est finalement renversé par un coup d'État du général Zahedi, soutenu par les Américains.

1952

Nasser au pouvoir

Né en 1918, Nasser est un ardent nationaliste arabe rejetant la mainmise des Britanniques sur l'Égypte. En 1952, à la tête du mouvement des officiers libres, il chasse le roi Farouk du pouvoir et prend la direction de l'Égypte. Il soutient la cause arabe et initie de grandes réformes modernisatrices. Pour se donner les moyens de ses ambitions, il décide unilatéralement de nationaliser le canal de Suez et entreprend la réalisation de grands travaux. En politique étrangère, il défend le panarabisme, c'est-à-dire l'unité du monde arabe et la lutte contre Israël. Terriblement affaibli par la défaite de l'Égypte lors de la guerre des Six Jours, il meurt en 1970.

1956

La nationalisation du canal de Suez

La crise de Suez de 1956 symbolise aux yeux du monde la fin des impérialismes européens. Cette crise débute lorsque le dirigeant nationaliste égyptien Nasser souhaite nationaliser le canal de Suez pour financer la construction d'un barrage gigantesque à Assouan afin de développer son pays. Pour défendre leurs intérêts dans le secteur, la France et le Royaume-Uni interviennent militairement dans la région du canal, en action combinée avec Israël. Si ce dernier réussit à envahir le Sinaï, les Français et les Anglais doivent quant à eux se retirer sous la pression des États-Unis et de l'URSS. Nasser en sort renforcé. Bien que défait militairement sur tous les fronts, Nasser devient un héros pour le monde arabe.

1958

La République arabe unie (RAU)

Fort de son prestige acquis au cours de la crise de 1956, Nasser souhaite donner de l'élan au panarabisme et se rapproche de la Syrie. Cette dernière, inquiète des liens étroits entre l'Irak et les États-Unis, préfère accepter cette union avec l'Égypte en 1958. Proclamée dans la liesse, la République arabe unie suscite de grands espoirs dans le monde arabe, tout en déstabilisant le Liban et l'Irak. La capitale est installée au Caire. Cependant, cette RAU ne dure que trois ans et ne survit pas à la prétention de l'Égypte de tout contrôler et de vouloir réaliser l'union autour d'elle-même.

1960

La création de l'OPEP

En 1960, six Pays du Moyen-Orient (Arabie Saoudite, Irak, Iran, Koweït, Émirats arabes unis, Qatar) et le Venezuela fondent l'OPEP (Organisation des pays exportateurs de pétrole). Le but de cette organisation est de défendre les droits des États producteurs face aux grandes compagnies. C'est un tournant dans le développement des relations internationales au Moyen-Orient, car désormais les pays peuvent agir ensemble et imposer aux Occidentaux leurs conditions. L'OPEP montrera sa réelle efficacité et son pouvoir durant la décennie suivante, en jouant un rôle majeur dans le déclenchement du choc pétrolier de 1973.

1967

La guerre des Six Jours

En juin 1967, Israël remporte en six jours des victoires fulgurantes contre l'Égypte de Nasser, mais aussi contre la Jordanie et la Syrie. Il s'agit surtout d'une guerre préventive contre les menaces d'encerclement qui pèsent sur le jeune État hébreu. La bonne organisation de l'armée israélienne et sa logistique ont raison des troupes arabes, pourtant en supériorité numérique. En conséquence, Israël conquiert des territoires de grande importance stratégique comme le Sinaï égyptien, le Golan syrien, la bande de Gaza et la Cisjordanie. Beaucoup de Palestiniens, vivant dans ces deux dernières régions, prennent le chemin de l'exil dans les camps de réfugiés. Les Israéliens commencent alors une politique de colonisation dans ces régions.

1969

Yasser Arafat et l'OLP

Après avoir passé sa jeunesse et ses années de formation en Égypte, il devient en 1969 le dirigeant de l'OLP, Organisation de libération de la Palestine. En 1974, l'ONU le reçoit en assemblée générale, le légitimant sur la scène internationale. Pour les pays arabes, il est le seul représentant légitime du peuple palestinien. Il abandonne progressivement le terrorisme dans les années 1960 et 1970, facilitant ainsi sa reconnaissance par les puissances occidentales. Discrédité par son soutien à Saddam Hussein, il finit par signer les accords d'Oslo en 1993, par lesquels il reconnaît l'existence de l'État d'Israël. En 1996, il devient le premier président de l'Autorité palestinienne. Il ne parvient pas cependant à enrayer la montée des extrémistes du Hamas ni à construire un véritable État palestinien.

1973

La guerre de Kippour et le premier choc pétrolier

Le jour de la fête juive de Kippour, l'Égypte et la Syrie, souhaitant prendre leur revanche du désastre de 1967, attaquent Israël par surprise. S'ils parviennent à déstabiliser *Tsahal* (l'armée israélienne) dans un premier temps, les Israéliens parviennent à mener une contre-offensive victorieuse, aidés par les États-Unis. Par mesure de rétorsion, les pays arabes de l'OPEP décident de façon unilatérale une hausse brutale du prix du baril de pétrole. Cette décision aboutit au premier choc pétrolier qui met fin brutalement à la croissance économique des pays occidentaux. Par ailleurs, la guerre du Kippour apparaît comme un enjeu majeur de la guerre froide : les Américains assistent massivement les Israéliens, et les Soviétiques ravitaillent quant à eux en armes leurs alliés arabes.

1978

Les accords de Camp David

Fortement encouragé par le président américain Jimmy Carter (1976-1980), le président égyptien Anouar Al Sadate signe un accord avec le Premier ministre israélien Menahem Begin. Israël s'engage à restituer le Sinaï à l'Égypte en échange d'une reconnaissance officielle de l'existence de l'État israélien. Cette restitution a lieu en 1982. En 1979, un traité de paix est signé par les deux pays. Il s'agit d'un véritable tournant diplomatique, car l'Égypte se retire de toute coalition éventuelle contre son voisin israélien. Les deux dirigeants, Sadate et Begin, reçoivent même le prix Nobel de la paix. Rejeté par une partie de l'opinion publique et les Islamistes, le président Sadate, successeur de Nasser, est assassiné en 1981.

1979

La révolution islamique en Iran

En 1978, le shah d'Iran Mohammed Reza Pahlavi doit faire face à une très grande contestation populaire qui rejette son pouvoir autoritaire. Il est contraint à l'exil en janvier 1979. Profitant de la confusion, l'ayatollah Khomeiny, membre influent du clergé chiite iranien, alors en exil en France, rentre en Iran et réussit à confisquer le pouvoir avec l'aide de ses partisans. On assiste alors à l'avènement de la « République islamique d'Iran ». Toutes les valeurs occidentales sont rejetées. Les femmes sont contraintes de se voiler et on autorise de nouveau la polygamie. Le pouvoir est concentré dans les mains des religieux. Des étudiants fanatisés, soutenus par le régime, prennent en otage pendant plus d'un an les membres de l'ambassade américaine de Téhéran.

1979

Les Soviétiques envahissent l'Afghanistan

Pour soutenir le régime communiste, alors en grandes difficultés, les Soviétiques décident l'invasion de l'Afghanistan en 1979. À l'échelle mondiale, cet événement attise de nouveau les tensions avec les

États-Unis. L'Armée rouge, largement supérieure en nombre et en moyens techniques, s'embourbe dans un pays difficile d'accès pendant dix ans. Elle doit faire face à une guérilla très bien organisée, et soutenue par les Américains qui fournissent des armes aux combattants afghans. Ce sont les moudjahidines, dont certains sont influencés par les courants islamistes. Défaits sur le terrain et en pleine crise intérieure, les Soviétiques évacuent le pays en 1989.

1980

La guerre Iran-Irak

Soutenu par les États-Unis, l'Irak de Saddam Hussein se lance à l'assaut des régions pétrolifères du Khûzistân, en Iran. Il s'agit également pour l'Irak d'élargir son accès à la mer et d'étendre son influence dans la région. Le régime irakien, se présentant comme laïque, bénéficie de la fourniture d'armes de pointe de la part des Occidentaux, qui voient là une façon d'affaiblir l'Iran de Khomeiny. Cependant, le conflit s'enlise et finit par faire des centaines de milliers de morts, tout en ruinant les deux pays. La guerre se termine en 1988 par un statu quo.

1987

La première Intifada

« Intifada » signifie « soulèvement » en arabe. Il s'agit d'une révolte généralisée des Palestiniens, en Cisjordanie et dans la bande de Gaza, contre l'occupation israélienne. Au cours de cette Intifada, de jeunes Palestiniens se mettent à jeter des pierres contre les soldats israéliens. La répression au cours des années qui suivent fait un millier de morts et suscite les critiques de l'opinion internationale. En 2000, après l'échec de la mise en œuvre des accords d'Oslo et la dégradation des conditions de vie dans les territoires palestiniens, une seconde Intifada est déclenchée. Son ampleur enterre le processus de paix entamé dans les années 1990.

1990

L'invasion du Koweït

Fortement endetté à l'issue de la guerre avec l'Iran, l'Irak de Saddam Hussein souhaite envahir son riche voisin, le Koweït. En août 1990, le petit pays est envahi en quelques heures et les troupes irakiennes mettent la main sur de nombreux puits de pétrole. Le cas de l'Irak divise la Ligue arabe. Certains soutiennent Saddam Hussein, comme l'OLP, d'autres condamnent fermement le dictateur irakien et rejoignent la coalition des Occidentaux, comme l'Arabie Saoudite. L'invasion du Koweït est la cause principale de la première guerre du Golfe.

1993

Les accords d'Oslo

Souhaitant trouver une solution au problème israélo-palestinien, la diplomatie s'active en secret en tentant de concilier les partis sur un accord. Les tractations ont lieu dans le plus grand secret à Oslo, capitale de la Norvège. Les accords d'Oslo sont signés au grand jour à Washington en 1993 sous le patronage du président américain Bill Clinton. Avec ce texte, les Israéliens prévoient de transférer la souveraineté de la Cisjordanie et de la bande de Gaza à l'OLP. En contrepartie, cette dernière doit reconnaître l'existence d'Israël. Cet accord présente cependant de sérieuses limites : la capitale n'est pas fixée et le tracé des frontières est soumis à un arbitrage ultérieur. Par ailleurs, l'assassinat du Premier ministre israélien Yitzhak Rabin par un extrémiste israélien hypothèque l'avenir immédiat de ces accords.

2003

Seconde guerre en Irak

Dans la foulée de la guerre en Afghanistan de 2001, les États-Unis veulent envahir l'Irak en 2003. Il s'agit, aux yeux du monde, de pourchasser dans la région les terroristes d'Al Qaïda, supposés soutenus par le régime du dictateur irakien Saddam Hussein. Or, à la différence de l'Afghanistan, cette nouvelle guerre ne fait pas l'unanimité. Les Français menacent de mettre leur veto au Conseil de sécurité de l'ONU. On reproche également aux Américains de vouloir cette guerre pour faire main basse sur le pétrole irakien. Les troupes américaines entrent facilement dans Bagdad, mais peinent à maintenir l'ordre dans le reste du pays. Cette guerre a profondément déstabilisé la région.

2011

Le « Printemps arabe »

Un vaste mouvement de protestations populaires contre les dictatures du Maghreb et du Moyen-Orient se propage à partir de la fin 2010, depuis la Tunisie. Dans ce pays, la révolution aboutit à la chute du dictateur Ben Ali. Puis en Égypte et en Libye, les dictateurs Moubarak et Kadhafi sont à leur tour renversés. Des troubles éclatent également au Yémen et au Bahreïn, mais ils sont bien vite réprimés. En Syrie, les révoltes contre le régime de Bachar el-Asssad dégénèrent en guerre civile dès 2011. Dans tous ces pays, beaucoup, surtout en Occident, espèrent une diffusion du modèle démocratique mais de nouvelles dictatures réapparaissent assez vite comme celle du maréchal Sissi en Égypte, tandis que des pays entiers sombrent dans le désordre, comme la Libye.

2014

L'organisation djihadiste État islamique (Daesh)

Dans ce Moyen-Orient chaotique du début des années 2010, la menace nouvelle vient de la progression des islamistes, notamment en Afghanistan, avec le retour des Talibans, et surtout en Irak et en Syrie, avec l'apparition de l'organisation djihadiste État islamique (*Daesh*). Dans ce dernier cas, les islamistes profitent des guerres civiles en Syrie et en Irak pour revendiquer la fondation d'un État nouveau fondé exclusivement sur la Charia et le terrorisme, dans lequel les minorités religieuses comme les Chrétiens et les Yézidis sont persécutées. Face à cette menace qui risque de déstabiliser toute la région, les puissances occidentales montent une nouvelle coalition internationale menée par les États-Unis, tandis qu'à partir de 2015, la Russie intervient également pour maintenir sa sphère d'influence en Syrie

1945

Les ordonnances de la Sécurité sociale

En 1944, le Conseil national de la Résistance (CNR) rédige un ensemble de mesures à prendre une fois la France libérée et la guerre terminée. Ce programme, fortement influencé par les forces de gauche, en particulier les communistes, annonce notamment la mise en place d'un État-providence dans lequel tous les individus seraient protégés contre les aléas de la vie, « du berceau au cercueil ». Cette idée s'inspire en partie du rapport Beveridge, rédigé en Angleterre en 1942. Ainsi, en octobre 1945, pour être en conformité avec le programme du CNR, le Gouvernement provisoire de la République française (GPRF), présidé par le général de Gaulle, crée la Sécurité sociale, basée sur le principe de solidarité nationale.

1945

Les nationalisations

Pour se donner des moyens accrus dans la tâche difficile de la reconstruction de l'après-guerre, l'État procède à des nationalisations, c'est-à-dire la prise de contrôle d'entreprises au nom de l'intérêt public. Il s'empare donc de grandes entreprises jugées stratégiques dans les domaines de l'énergie (EDF, GDF), des transports (Air France), de l'armement (Snecma) et des banques (Crédit Lyonnais). Certaines nationalisations se révèlent être aussi des sanctions pour punir les chefs d'entreprise reconnus coupables de collaboration, comme Louis Renault. Toutes ces entreprises nationalisées rejoignent la SNCF, déjà dans le giron de l'État depuis 1937.

1945

Création de l'ENA

L'État a besoin de recruter et de former des techniciens avec un haut niveau de compétences. Les nouvelles missions de l'État en matière économique, sociale ou encore scientifique, nécessitent une élite nouvelle, en phase avec les problématiques complexes du monde nouveau d'après-guerre, et surtout non compromise avec le régime de Vichy. Par l'ordonnance du 9 octobre 1945, le Gouvernement provisoire de la République française (GPRF) crée l'École nationale d'administration (ENA), dont le recrutement des élèves est organisé par concours. Cette nouvelle école veut dès l'origine une démocratisation accrue des futurs fonctionnaires.

1946

Le préambule de la IVe République

Après le traumatisme de l'Occupation et du régime de Vichy, on cherche à refonder la République, en réaffirmant ses valeurs héritées de la IIIe République (régime parlementaire, liberté d'expression, laïcité), mais aussi en y ajoutant les principes de la démocratie sociale défendus par le CNR et le GPRF. Dans le préambule de la Constitution du 27 octobre 1946, qui institue la nouvelle IVe République, on reconnaît ainsi un ensemble de droits sociaux pour les citoyens français : droit de grève et syndical, égalité homme/femme, droit au logement, au travail, à l'éducation, à la culture, mais aussi la reconnaissance du principe des nationalisations et de la protection sociale.

1946

Le Commissariat général au Plan

Le 3 janvier 1946, le GPRF, toujours sous la direction du général de Gaulle, confie à Jean Monnet, spécialiste des questions économiques, la direction du nouveau Commissariat général au Plan. Il s'agit d'une administration chargée d'organiser à grande échelle la production industrielle en insistant sur les priorités du moment, comme le logement, les machines-outils, les biens d'équipement. Le but est de revenir à un niveau de production industrielle équivalent à celui de 1929.

1958

La Ve République

Après son retour à la faveur des événements de la guerre d'Algérie en mai 1958, le général de Gaulle présente aux Français le 4 août suivant la Constitution de la nouvelle République. Désormais, le président de la République voit ses pouvoirs largement accrus, avec des attributions nouvelles comme le recours au référendum, la dissolution de l'Assemblée nationale, le recours aux ordonnances, les pouvoirs spéciaux en temps de crise. La Ve République rompt avec l'instabilité gouvernementale de la IVe et donne au président de la République les moyens de mener à bien jusqu'au bout de grands projets de modernisation.

1958

Création du ministère des Affaires culturelles

En février 1959, le général de Gaulle, souhaitant donner une nouvelle impulsion et une cohérence à la politique culturelle de la France, décide la création d'un ministère des Affaires culturelles, qu'il confie à l'écrivain André Malraux, résistant et gaulliste de la première heure. Ce ministère a pour but de démocratiser la culture en créant les maisons de la culture, futures MJC, ainsi que les comités régionaux de la culture, afin de piloter au mieux en région la politique culturelle.

1962

L'élection du président de la République au suffrage universel direct

Après avoir été victime d'un attentat au Petit Clamart en août 1962, de Gaulle craint pour la pérennité des institutions de la nouvelle République s'il venait à disparaître. Son successeur éventuel, en effet, n'aurait pas la même légitimité tirée de son prestige de chef de la France Libre. Il faut donc faire en sorte que les futurs présidents de la République aient une légitimité incontestable, en les faisant élire au suffrage universel direct. Or, ce projet rencontre l'hostilité des partis politiques et des députés. Ces derniers renversent même le gouvernement du Premier ministre Georges Pompidou. En réaction, de Gaulle dissout l'Assemblée nationale et a recours au référendum pour faire adopter sa réforme. Le 28 octobre 1962, les Français approuvent cette réforme à plus de 62 % et envoient à l'Assemblée une majorité de gaullistes renforcée.

1963

La Datar

Le 14 février 1963 est créée la Datar, Délégation à l'aménagement du territoire et à l'action régionale. Cette administration est confiée à Olivier Guichard, un fidèle du général de Gaulle, et reste placée sous l'autorité du Premier ministre. Elle est chargée entre autres de moderniser les équipements français, de réduire les inégalités territoriales et d'aménager des régions alors déshéritées comme le Languedoc (le plan Racine) et les Alpes (le plan Neige). La Datar s'appuie également sur le découpage régional et sur la promotion de véritables capitales régionales (les métropoles d'équilibre), ainsi que sur le nouveau découpage de la région parisienne. Cette politique illustre le volontarisme étatique de la France gaullienne.

1969

Échec du référendum

Après le choc du soulèvement de mai 1968 et la double crise sociale et politique qui en découle, le général de Gaulle cherche à renouer avec le peuple français à travers l'organisation d'un référendum en avril 1969. Le thème apparaît très compliqué pour le grand public puisqu'il s'agit à la fois d'une réforme du Sénat et de la régionalisation. On peut y voir alors une ébauche de décentralisation, mais le scrutin se transforme rapidement en élection pour ou contre le général de Gaulle. Tous ses opposants se coalisent contre le projet et ce dernier est finalement rejeté par les Français le 27 avril 1969. Le général de Gaulle, estimant qu'il n'a plus la confiance du peuple français, démissionne dès le lendemain. Ce référendum perdu illustre en fait l'usure de dix ans de pouvoir gaulliste.

1974

Valéry Giscard d'Estaing

Le 2 avril 1974, le président Pompidou, successeur du général de Gaulle, meurt subitement au cours de son mandat. Les élections du président de la République ont lieu dans la précipitation et le jeune Valéry Giscard d'Estaing, appartenant au centre droit, l'emporte de justesse face à François Mitterrand. Voulant moderniser la France et la pratique du pouvoir, il abaisse la majorité à 18 ans, fait voter l'IVG et réforme l'audiovisuel public. Il nomme le gaulliste Jacques Chirac Premier ministre, avec la lourde tâche de mener une politique de relance économique pour faire face au retournement de conjoncture et à la crise consécutive au choc pétrolier.

1981

François Mitterrand président

Né en 1916 à Jarnac, il fait des études de droit dans les années 1930 à Paris. En 1940, il s'évade après avoir été fait prisonnier. Il entre au Commissariat général aux prisonniers de guerre à Vichy avant de prendre ses distances avec le régime du maréchal Pétain en 1943. Élu député en 1946, il devient ensuite ministre en 1947. Figure importante de la IVe République, il s'oppose au retour du général de Gaulle et aux institutions de la Ve République. En 1964, il publie *Le Coup d'État permanent* pour condamner la possibilité pour le président de la République de prendre les pleins pouvoirs. Après être parvenu à mettre en ballottage de Gaulle aux élections présidentielles de 1965, il rate de peu celle de 1974 face à Giscard d'Estaing. Devenu Premier secrétaire général du Parti Socialiste, il devient président en 1981. Il est réélu en 1988 mais doit cohabiter deux fois, en 1986 et 1993, avec la droite.

1981

La seconde vague de nationalisation

En septembre 1981, le gouvernement socialiste de Pierre Mauroy élabore le projet de loi sur les nationalisations des grands groupes industriels et bancaires. Il s'agit de la proposition n° 21 du programme de François Mitterrand. Après d'intenses débats parlementaires, et une vive opposition des milieux économiques, on procède à la nationalisation totale de sept groupes industriels (dont Saint-Gobain, Péchiney-Ugine-Kuhlmann, Rhône-Poulenc, ou encore Thomson-Brandt) ainsi que deux nationalisations partielles (Matra et Dassault). Dans le domaine bancaire, l'État procède à la nationalisation de trente-six banques d'affaires ainsi que deux compagnies financières.

1982

Loi Defferre

Après l'échec du référendum de 1969, la décentralisation, c'est-à-dire le transfert de compétence de l'État central vers les collectivités locales, avait été un peu mise de côté. Cependant, François Mitterrand, dans ses cent dix propositions, a bien mis en évidence l'exigence démocratique que représente un rééquilibrage du pouvoir vers les collectivités. En 1982, c'est le ministre de l'Intérieur et maire de Marseille, Gaston Defferre, qui est chargé de porter un projet de lois de décentralisation. Dans le cadre des lois Defferre, les vingt-deux régions deviennent des collectivités à part entière avec des conseils régionaux et obtiennent des compétences nouvelles en matière d'éducation, de formation, de transports, de développement économique et d'aménagement du territoire. Les départements, quant à eux, obtiennent des compétences sociales et la gestion des collèges.

1986

La cohabitation

En mai 1986, les élections législatives s'annoncent catastrophiques pour les socialistes au pouvoir depuis cinq ans. En dépit d'une ultime réforme du mode de scrutin, la droite revient au pouvoir et c'est à nouveau Jacques Chirac qui devient Premier ministre. C'est la première fois sous la Ve République que l'on assiste à une cohabitation, c'est-à-dire une situation dans laquelle le président de la République est d'un bord politique opposé à celui du Premier ministre. Jacques Chirac mène une politique d'inspiration libérale en totale rupture avec la politique menée depuis 1981. Des entreprises sont privatisées, comme TF1 ou certaines banques, et on supprime l'autorisation administrative de licenciement.

1988

La crise de l'État-providence

Avec la dégradation de la conjoncture économique des années 1970-1980, le système social basé sur la solidarité nationale connaît une crise de financement. Les comptes sont alors déséquilibrés et l'on voit croître le fameux « trou de la Sécu », dû à la forte augmentation du chômage, au vieillissement de la population, et à l'augmentation des dépenses de santé. En 1988, après la réélection de François Mitterrand, le nouveau gouvernement Rocard institue la CSG, contribution sociale généralisée, un prélèvement social sur tous les revenus afin de rééquilibrer les comptes de la Sécurité sociale, et le RMI, revenu minimum d'insertion, pour toutes les personnes de plus de 25 ans sans emploi qui ont épuisé leurs droits aux indemnités chômage.

1992

Le tournant européen

Après l'adoption de l'Acte unique européen qui unifie le marché des douze pays membres de la CEE, Communauté économique européenne, le nouveau traité de Maastricht doit donner un nouvel élan politique à la construction européenne. La CEE doit devenir l'UE, Union européenne, avec une libéralisation totale des flux économiques et humains et l'adoption progressive d'une monnaie unique, le futur euro. Ce traité de Maastricht doit être soumis en France à un référendum prévu en septembre 1992. Les débats sont très tendus. Le clivage droite/gauche est dépassé au profit d'un autre clivage entre partisans de l'unité européenne et souverainistes, ces derniers étant favorables au maintien du pouvoir des États. Les Français finissent par accepter du « bout des lèvres », à une très faible majorité, ce traité de Maastricht.

1995

Jacques Chirac président

Né en 1932 à Paris, il intègre l'ENA en 1957, avant d'entamer une carrière politique. D'abord député gaulliste de la Corrèze, il devient, en 1967, secrétaire d'État à l'Emploi. En 1974, Valéry Giscard d'Estaing le choisit pour être son Premier ministre jusqu'en 1976. Chef de l'opposition sous François Mitterrand, il remporte successivement les élections législatives en 1986 et 1993. Devenu président de la République en 1995, on lui doit notamment la fin des essais nucléaires et du service militaire. Cependant, face au mécontentement social, il dissout l'Assemblée nationale en 1997 et perd les élections législatives. Il doit lui-même subir une cohabitation de cinq ans avec le socialiste Lionel Jospin comme Premier ministre. Réélu triomphalement en 2002, il s'affirme essentiellement sur la scène internationale, notamment en s'opposant à la seconde guerre en Irak, en 2003.

2000

Le quinquennat

Après plusieurs années de débats, l'idée de raccourcir le mandat du président de la République de sept à cinq ans a fini par emporter l'approbation d'une grande partie de la classe politique. En 1875, on avait souhaité un mandat du président plutôt long, correspondant à un esprit davantage monarchique. En 1958, le général de Gaulle avait maintenu les sept ans de mandat, afin que le chef de l'État ait le temps de mener à bien ses politiques. Dans les années 1990, on estime nécessaire de ramener le mandat à cinq ans, afin de le rendre plus conforme aux autres démocraties. En 2000, les Français approuvent à presque 80 % par référendum ce changement constitutionnel. Cependant, ils étaient peu nombreux à se déplacer.

2003

Acte II de la décentralisation

Le président Chirac est réélu en 2002 contre Jean-Marie Le Pen, candidat de l'extrême droite. Son Premier ministre Jean-Pierre Raffarin lance l'année suivante, dans le cadre d'une réforme constitutionnelle, l'acte II de la décentralisation, soit vingt ans après les lois Defferre. Il s'agit de transférer davantage de compétences aux régions afin de compléter les lois de 1982-1983. Leur autonomie financière est renforcée et l'État transfert également des personnels qui étaient jusqu'alors gérés par lui, comme les personnels techniques des établissements scolaires. Par ailleurs, on prévoit également des référendums locaux pour favoriser des fusions de départements, comme en Corse ou bien encore en Alsace.

2010

La réforme des retraites

En 2010, le président de la République Nicolas Sarkozy et son Premier ministre François Fillon, conscients des problèmes de financement du système de retraite, enclenchent une nouvelle réforme des pensions. Dans un contexte de crise économique depuis 2008 et de montée du chômage, cette réforme incarne une atteinte aux droits sociaux hérités de l'après-guerre. Il s'agit globalement de repousser l'âge légal de la retraite à 62 ans et à 43 ans de cotisations pour les personnes nées après 1973. Par ailleurs, on décide l'alignement du taux de cotisation des fonctionnaires sur les salariés de droit privé. Cette réforme a engendré de grandes grèves et des mouvements sociaux à la fin de l'année 2010.

2015

La loi NOTRe (Nouvelle organisation territoriale de la république)

François Hollande, une fois élu président de la République en 2012, a décidé de relancer la décentralisation, en souhaitant un acte III. On décide donc le regroupement des régions, le renforcement de leurs pouvoirs et la suppression progressive de l'échelon départemental. La philosophie globale est de faire des économies et d'alléger le « millefeuille administratif français », c'est-à-dire l'empilement des échelons administratifs (communes, intercommunalités, départements, régions). Le 7 août 2015, la loi sur la nouvelle organisation territoriale de la République entre en vigueur avec treize grandes régions qui voient leurs attributions renforcées dans les domaines du développement économique et financier.

LE PROJET D'UNE EUROPE POLITIQUE DEPUIS 1948

ES | L | S*

* La gouvernance européenne depuis 1992

1948

La conférence de La Haye

Afin de prévenir tout nouveau conflit à l'avenir, et pour tenter de faire face à la menace communiste, Winston Churchill propose la réunion à La Haye, aux Pays-Bas, d'un congrès des nations européennes, alors en proie à une difficile gestion de l'après-guerre. Ce dernier se tient à partir du 7 mai 1948. Cependant, on voit vite les divergences sur les modalités de construction d'une union européenne. Certains préfèrent une simple association d'États, alors que d'autres voudraient une véritable union économique. Le congrès de La Haye n'aboutit pas à grand-chose, mais il symbolise la volonté des Européens de s'unir.

1951

La Ceca

À l'initiative des Français Jean Monnet et Robert Schuman, la Ceca (Communauté européenne du charbon et de l'acier) est créée en 1951 et rassemble six États : la France, l'Italie, la Belgique, le Luxembourg, les Pays-Bas et la RFA. Le Royaume-Uni refuse d'y adhérer. Il s'agit pour ces pays de renoncer à leurs prérogatives en matière d'acier et de charbon au profit d'une « Haute autorité », véritable première organisation supranationale. Les barrières douanières sur ces produits sont abaissées. Le symbole est fort, car le charbon et l'acier renvoient directement aux efforts de guerre et à la fabrication des armes. Cette union est un franc succès puisque la production est véritablement dynamisée.

1952

La CED

Fort du succès de la Ceca, Jean Monnet propose également une unité des armées européennes pour qu'elles puissent faire le poids face à la menace soviétique : la CED (Communauté européenne de Défense). Se pose alors le problème de la gestion du commandement, ce qui suppose une véritable organisation militaire européenne et donc un abandon de souveraineté. Or, le Parlement français refuse de ratifier l'accord en 1954, par la double opposition des gaullistes et des communistes, qui refusent tous deux de voir se reconstituer une armée allemande. La CED est un échec.

1957

Le traité de Rome

L'épisode de la CED convainc les partisans de l'Europe qu'il n'est pas encore possible de penser une union politique, mais qu'il faut davantage bâtir une union économique et technique comme la Ceca. En 1957, les six pays de la Ceca signent le traité de Rome, par lequel sont institués une communauté économique européenne et un véritable marché commun. Les premières institutions européennes supranationales comme la Commission et le Parlement sont également mises en place. Parallèlement, les six États européens signent le traité de l'Euratom, qui prévoit une coopération renforcée dans le domaine nucléaire.

1962

La PAC

En 1962, les États de la CEE souhaitent mettre en place une nouvelle politique commune en choisissant le domaine agricole. Il s'agit d'accélérer la modernisation de l'agriculture européenne face aux concurrents américains notamment, mais aussi afin d'assurer l'autosuffisance et la sécurité alimentaire des Européens. La CEE subventionne les agriculteurs et leur garantit les prix auxquels ils peuvent vendre leurs produits. Cette politique aboutit à une très forte hausse de la production et favorise la croissance d'une agriculture productiviste.

1963-1967

Le Royaume-Uni n'entre pas dans la CEE

Devant le succès de la Ceca et de la CEE, le Royaume-Uni décide de demander son adhésion alors que les années 1950 étaient marquées par un refus net. En 1960, les Britanniques avaient tenté de créer une autre association d'États avec des pays scandinaves : l'Aele (Association européenne de libre-échange). Cependant, le général de Gaulle refuse deux fois, en 1963 et en 1967, l'entrée du Royaume-Uni dans la CEE. Selon lui, les Anglais seraient « un cheval de

Troie » américain et ils imposeraient à la CEE des accords particuliers avec les anciennes colonies du Royaume-Uni, les pays du Commonwealth.

1972

L'Europe des 9

Une fois le général de Gaulle disparu, son successeur, le président Pompidou, accepte de relancer la construction européenne en participant dès 1969 au congrès de La Haye. On souhaite étendre les compétences de la CEE dans les domaines monétaires et sociaux, mais aussi l'élargir vers le Nord-Ouest. En 1972, après une acceptation par référendum des Français, le Royaume-Uni, l'Irlande et le Danemark peuvent adhérer à la CEE. C'est un tournant, car on peut désormais envisager un approfondissement de l'intégration européenne. La CEE s'affiche même comme la deuxième puissance économique mondiale.

1979

Le Parlement européen est élu au suffrage universel

Avec la crise économique des années 1970, l'enthousiasme pour le projet européen retombe quelque peu. Il apparaît technocratique et purement économique.

Afin de relancer le rêve européen et pour essayer de cimenter l'unité, on décide d'élire le Parlement européen au suffrage universel dans toute la CEE. Ces élections ont lieu entre le 9 et le 12 juin 1979 et servent à désigner les 410 députés européens. Certains pays se signalent cependant par leur fort taux d'abstention comme le Royaume-Uni, où 70 % des électeurs ne se sont pas déplacés.

1986

L'acte unique

En 1984, au sommet européen de Fontainebleau, les États membres de la CEE réussissent à trouver un accord avec la Premier ministre britannique Margaret Thatcher. Cette dernière, élue en 1979, n'avait eu de cesse de critiquer la CEE et de vouloir stopper la contribution du Royaume-Uni au budget communautaire (« *I want my money back!* »). Dans le même temps, on prévoit de relancer l'intégration européenne par la création d'une citoyenneté commune et la future élaboration d'un Acte Unique. Il est signé en 1986 et prévoit « la libre circulation des marchandises, des personnes et des capitaux ». On prévoit également que la prise de décision sera non plus à l'unanimité mais à la majorité. Par ailleurs, la

CEE voit ses compétences élargies notamment dans les domaines environnemental, social et scientifique.

1986

L'élargissement vers l'Europe du Sud

Alors que la CEE poursuit son processus d'intégration, on décide l'élargissement vers le Sud, au profit des pays méditerranéens. Déjà en 1981, la Grèce était acceptée, puis en 1986 vient le tour de l'Espagne et du Portugal. Ces derniers, nettement moins riches et développés que les neuf autres pays, présentent la particularité de s'être débarrassés au cours des années 1970 de dictatures militaires, parfois remontant aux années 1930. Ils cherchent dans le marché commun des débouchés pour leur agriculture mais aussi des subventions pour accélérer leur développement. En ce qui concerne l'Espagne et le Portugal, leur adhésion a suscité de vives protestations des agriculteurs français notamment.

1992

Le traité de Maastricht

Le traité de Maastricht est un véritable tournant dans la mesure où il transforme le vieux marché commun et la CEE en Union européenne, c'est-à-dire une construction politique supranationale. Le droit de l'Union européenne prévaut désormais sur les droits nationaux. Le traité de Maastricht prévoit également la réalisation d'une union monétaire, avec une monnaie unique et une banque centrale. Il élargit aussi les compétences évoquées de la nouvelle Union européenne dans de nombreux domaines : l'environnement, l'énergie, la recherche, l'éducation, la culture et la protection des consommateurs. Très ambitieux, il consacre la victoire de la vision fédéraliste de la construction européenne. Cependant, il est repoussé au Royaume-Uni et au Danemark, et accepté de justesse en France.

1995

Les accords de Schengen

À Schengen, petite ville du Luxembourg, les États membres de l'Union européenne signent un accord de libre circulation des personnes au sein de l'espace européen. Désormais, les contrôles aux frontières à l'intérieur de l'espace Schengen sont abolis au profit d'un contrôle normalement renforcé à l'extérieur de cet espace. Les États signataires s'en remettent donc aux États de la périphérie, comme l'Espagne ou la Grèce, pour réaliser les contrôles des entrées à l'intérieur de l'espace Schengen. Une fois entrée, toute personne peut aller et venir comme elle le souhaite. Parallèlement, on crée une agence de protection des frontières : Frontex. Le Royaume-Uni et l'Irlande refusent de signer ces accords de Schengen.

1997-2001

Les traités d'Amsterdam et de Nice

Les traités d'Amsterdam et de Nice complètent les traités précédents en transférant davantage de compétences des États vers l'Union européenne. Elle a désormais un rôle renforcé dans la politique de sécurité et de défense, mais aussi dans la recherche et l'écologie, l'industrie, la santé et la protection juridique des citoyens européens. Le fonctionnement et la prise de décision sont simplifiés par le choix de la majorité qualifiée. Cependant, l'organisation de l'UE atteint un haut degré de technicité dans la mesure où il faut coordonner quinze pays.

2002

L'Euro

Le 1er janvier 2002, douze États européens sur quinze abandonnent définitivement leur monnaie nationale au profit de la nouvelle monnaie commune : l'euro.

C'est un événement majeur dans la mesure où le rêve des pères fondateurs de l'Europe se réalise et que les États renoncent à un droit régalien pluriséculaire. Ces derniers n'ont plus de pouvoir sur la monnaie et ne peuvent plus l'utiliser dans le cadre de politiques économiques. Sa gestion est transférée à la Banque centrale européenne (BCE), qui siège à Francfort. Pour intégrer la zone euro, il faut respecter les critères de Maastricht, à savoir : un déficit public limité à 3 % du PIB, une dette publique équivalente à 60 % du PIB et une inflation plafonnée à 3 % par an.

2004

L'élargissement vers l'Est

Depuis 1992 et le traité de Maastricht, l'Union européenne continue de s'élargir. En 1995, l'Autriche, la Suède et la Finlande rejoignent l'Europe. Mais c'est surtout en 2004 que se produit un bouleversement historique. En effet, dix nouveaux États intègrent l'Union : huit pays d'Europe centrale (Estonie, Lettonie, Lituanie, Pologne, République tchèque, Slovaquie, Hongrie et Slovénie) et deux îles de la Méditerranée (Chypre et Malte). Symboliquement, on ouvre l'Europe aux anciens pays communistes afin de tourner définitivement la page du rideau de fer et de la guerre froide. En 2007, la Roumanie et la Bulgarie complètent cet élargissement. La Croatie est le dernier pays à intégrer l'UE le 1er juillet 2013.

2005

Le rejet du traité constitutionnel par les Français et les Hollandais

Au cours de l'année 2004, on confie à une commission, présidée par Valéry Giscard d'Estaing, ancien président de la République française, le soin de rédiger un projet de constitution européenne, dans le but de renforcer l'intégration politique de l'Union européenne. Elle aboutit à un projet complexe et très technique. Or, pour entrer en vigueur, ce projet doit être entériné par les États membres, soit par un vote des parlements, soit par référendum. La France et les Pays-Bas choisissent ce dernier mode de ratification. Las de la crise économique et par crainte de l'élargissement à l'Est, les peuples français et néerlandais rejettent le projet de la commission Giscard, plongeant l'Europe dans le désarroi.

2007

Le traité de Lisbonne

Après l'échec du projet de traité constitutionnel, les États européens cherchent une nouvelle voie de fonctionnement. On décide désormais de prendre les décisions à la majorité qualifiée. Le traité de Lisbonne crée également un Haut représentant pour les affaires étrangères et la politique de sécurité. Il s'agit notamment, après les échecs diplomatiques en Yougoslavie et au Proche-Orient, de se doter d'une politique étrangère commune. Ce traité est accepté par les parlements nationaux, mais l'Irlande le refuse par référendum en 2008 avant de voter à nouveau dans les mois qui suivent.

2010

La crise grecque

La crise économique de 2008 ébranle fortement les économies européennes. Les États sont contraints d'aider les banques pour rassurer les opinions publiques très inquiètes pour leur épargne. Cependant, certains plus fragiles comme l'Espagne, l'Irlande ou le Portugal, s'endettent fortement. La Grèce surtout voit sa dette publique exploser et risque même la banqueroute. Or, cette dernière fait partie de la zone euro et risque d'emporter dans sa faillite les grandes banques françaises et allemandes, pouvant aggraver la crise financière. Dans l'urgence, les grands pays de la zone euro restructurent la dette grecque et organisent un plan de sauvetage de l'économie du pays.

2016

Le « Brexit »

Le 22 juin 2016, les Britanniques se prononcent à près de 52 % pour la sortie du Royaume-Uni de l'Union européenne, à la surprise générale. Ce vote était une promesse du Premier ministre conservateur David Cameron en 2013 devant la pression des europhobes du parti Ukip et des eurosceptiques du Parti conservateur. Ce vote témoigne d'un divorce entre l'Europe, jugée trop technocratique et loin de la préoccupation des peuples, et les opinions publiques nationales. Cependant, il faut noter qu'il y a une fracture à l'intérieur même du Royaume-Uni dans la mesure où l'Écosse et l'Irlande du Nord ont voté pour le maintien dans l'Europe alors que l'Angleterre s'est prononcée très nettement pour la sortie.

LA GOUVERNANCE ÉCONOMIQUE MONDIALE DEPUIS 1944

1944

La conférence de Bretton Woods

Alors que la guerre n'est pas terminée, en juillet 1944, les États-Unis organisent une grande conférence internationale pour préparer la reconstruction de l'économie mondiale de l'après-guerre. Elle a lieu à Bretton Woods, dans le New Hampshire, et réunit quarante-quatre États alliés dont la France, représentée par Jean Monnet. Ces accords reposent sur trois axes. D'abord, la reconstruction des pays ravagés par la guerre sera financée par la BIRD (Banque internationale pour la reconstruction et le développement). Ensuite, il s'agit de stabiliser les monnaies en instaurant un nouveau système monétaire international utilisant le dollar comme référence. En contrepartie, seul le dollar est convertible en or. On dit alors qu'il est « *as good as gold* » (aussi bon que l'or). Dans le même temps, le FMI, Fonds monétaire international, est créé afin de veiller à la stabilité financière mondiale.

1947

Le GATT

Le GATT (*General Agreement on Tariffs and Trade* : accord général sur les droits de douane et le commerce) est créé en 1947, dans la foulée des accords de Bretton Woods. Sa mission est de réduire les taxes douanières, perçues sur toutes les marchandises, afin de relancer les échanges mondiaux, mis à mal depuis la crise des années 1930. Parmi les dispositions célèbres de l'accord, on relève la clause de la « nation la plus favorisée », c'est-à-dire l'obligation pour un pays d'étendre un avantage commercial accordé à un pays à tous les autres. Par la suite, les États doivent se réunir régulièrement dans des cycles de négociations pour abaisser de façon générale les droits de douane dans des domaines précis.

1964

Le Cnuced

La Cnuced (Conférence des Nations unies sur le commerce et le développement) est créée en 1964 dans le contexte de la décolonisation et de la création de nouveaux États en Afrique et en Asie. Beaucoup d'entre eux sont en voie de développement et ne peuvent échanger que des matières premières. Désormais majoritaires au sein de l'ONU, ils font pression dès 1963 pour l'organisation d'une institution de soutien au développement. Le rôle de la Cnuced est donc de mettre en place des relations commerciales plus équitables entre les pays riches et ces pays du tiers-monde. Elle est à l'origine de beaucoup de règles dans le commerce mondial afin de le rendre un peu plus équitable entre pays riches et pays du Sud.

1971

La fin de la convertibilité du dollar en or

Le 15 août 1971, le président Nixon décide de suspendre la convertibilité du dollar en or, accélérant la décomposition du système Bretton Woods. Au cours des années 1960, les Américains ont dû augmenter la masse monétaire en circulation dans le but de financer les investissements militaires inhérents à la guerre froide. Or, en imprimant massivement des dollars, les États-Unis ont rompu l'équilibre entre le stock de monnaie et le stock d'or, dépréciant ainsi progressivement le dollar. Dans le même temps, les pays européens, dont la France, ayant conscience du problème, rapatrient leur or des États-Unis, amenuisant davantage encore les réserves d'or. Ainsi, au début des années 1970, le système monétaire de l'après-guerre est-il à l'agonie. La décision du Président Nixon apparaît ainsi logique, entraînant de fait une dépréciation du dollar.

1974

La fin des Trente Glorieuses

En 1974, les économies des pays industrialisés entrent en récession et voient leur PIB se contracter. À la crise monétaire s'ajoutent la crise énergétique et la flambée des cours des matières premières. Les vieux secteurs industriels comme le textile, les chantiers navals et la sidérurgie s'effondrent par pans entiers, entraînant un retour du chômage de masse que l'on croyait disparu depuis les années 1930. Les pays industrialisés tentent désespérément de relancer l'économie en augmentant les dépenses publiques mais sans succès et en aggravant dangereusement l'inflation (la hausse des prix) et l'endettement public. Devant l'échec de ces politiques, beaucoup d'États se lancent dans des politiques libérales d'austérité et de baisse d'impôts, comme en France avec le Premier ministre Raymond

Barre ou encore au Royaume-Uni avec l'arrivée au pouvoir de Margaret Thatcher.

1975

Premier G6

Dans la première moitié des années 1970, après la fin de la convertibilité du dollar en or et le choc pétrolier de 1973, l'économie mondiale est entrée dans une zone de turbulences et apparaît complètement désorganisée. Afin de proposer une nouvelle gouvernance économique mondiale, le président de la République française Valéry Giscard d'Estaing propose aux grands pays industrialisés et démocratiques de la planète de se réunir en France. Le sommet a lieu au château de Rambouillet, en région parisienne, et regroupe d'abord six nations : États-Unis, Japon, RFA, Italie, Royaume-Uni et France. L'année suivante à Porto Rico, le Canada s'adjoint à ce G6.

1976

Conférence de la Jamaïque

Au début de l'année 1976, une grande conférence économique du FMI a lieu à Kingston, en Jamaïque. Il s'agit de réorganiser l'ensemble du système monétaire international qui s'est écroulé en 1971 et de régler le problème de l'instabilité des monnaies. On aboutit à un accord qui officialise les taux de change flottants entre les monnaies, c'est-à-dire laisser les cours des monnaies être fixés sur les marchés monétaires internationaux. On entre alors pleinement dans l'ère de la fluctuation des devises et l'or cesse ainsi d'être un étalon de référence. Dans le même temps, on réforme le FMI, en lui accordant un rôle accru de surveillance, d'aide et de conseil aux États en grande difficulté avec la crise économique.

1986

Le « Big Bang » de la city de Londres

Lorsque Margaret Thatcher, Premier ministre conservateur, arrive au pouvoir en 1979, elle entame immédiatement toute une série de réformes drastiques libérales qui visent à réduire les dépenses publiques et l'intervention de l'État dans l'économie. De grandes entreprises publiques sont ainsi privatisées, comme British Telecom ou British Airways, et des vieux secteurs économiques déficitaires largement subventionnés sont impitoyablement fermés, comme les mines de charbon ou encore les chantiers navals du nord de l'Angleterre. En octobre 1986, pour couronner ces réformes, le gouvernement britannique fait le choix de libéraliser les marchés financiers afin de permettre aux banques étrangères de venir s'installer à Londres. Celles-ci bénéficieront d'une fiscalité avantageuse et d'une absence de régulation. C'est le début de l'ère des « Golden Boys », des traders et de la globalisation financière.

1992

Sommet de la Terre de Rio

À la fin des années 1980 et au début des années 1990, les décideurs internationaux s'intéressent aux questions environnementales dans un contexte de grandes catastrophes écologiques comme les marées noires ou l'explosion de la centrale nucléaire de Tchernobyl. En 1992, on organise ainsi un premier sommet de la Terre à Rio, témoignant d'une volonté d'une gouvernance mondiale en matière d'environnement. On décide lors de cette conférence de préserver les grandes forêts primaires, une lutte contre la désertification et la mise en place des agendas 21, c'est-à-dire la programmation d'actions écologiques à échelle locale.

1995

Création de l'OMC

Dans le sillage de la conférence de Marrakech en 1994, on décide le remplacement du GATT par l'OMC (Organisation mondiale du commerce), qui entre en vigueur en 1995. Cette nouvelle institution internationale, tout comme le GATT, cherche à libéraliser les échanges commerciaux mondiaux en abaissant progressivement les tarifs douaniers. Cependant, l'OMC prend davantage en compte les échanges de services, les flux financiers et réaffirme la nécessité de défendre l'environnement. L'OMC rassemble plus de 150 pays, et devient ainsi le fer de lance de la mondialisation. Elle arbitre également les litiges commerciaux entre pays, et veille au strict respect des équilibres des échanges.

1997

Le protocole de Kyoto

En 1997, à Kyoto, au Japon, se réunissent les représentants de plus d'une centaine de pays qui se mettent d'accord sur des objectifs de réduction de l'émission des gaz à effet de serre, comme le CO_2, de l'ordre de 5 à 10 %. On met ainsi en place toute une série de quotas que les États s'engagent à respecter et à répercuter sur les entreprises privées. Celles-ci se retrouvent avec un « droit à polluer » qui leur est alloué. Si certaines n'atteignent pas le quota de CO_2, elles peuvent revendre leur droit à émettre du CO_2. Cet accord international est le premier à fixer des objectifs chiffrés et à mettre en place de la coercition. Cependant, les deux plus gros pollueurs de la planète, la Chine et les États-Unis, refusent de signer le protocole de Kyoto, limitant ainsi sa portée.

2001

Forum social de Porto Alegre

Alors que la mondialisation des biens et des services s'organise depuis les années 1980, de nombreuses ONG (organisations non gouvernementales), comme ATTAC en France, revendiquent de plus en plus une autre forme de mondialisation, plus respectueuse des droits sociaux et des personnes. On parle alors de mouvement altermondialiste. Ainsi, en janvier 2001, plusieurs milliers d'altermondialistes se réunissent au Brésil, à Porto Alegre, afin de donner une résonance mondiale au mouvement. Le Forum social mondial est né et fait désormais face au forum économique de Davos (en Suisse), qui lui réunit les élites du système économique mondial.

2008
Le G20

Face au choc et à la violence de la crise de 2008, les pays les plus riches et les plus industrialisés tentent de s'organiser et de se coordonner pour éviter un effondrement du secteur bancaire et la ruine de l'ensemble du système économique. On y retrouve aussi bien les vieux pays occidentaux que les pays émergents et les États riches en matières premières, comme l'Arabie Saoudite. Bien qu'existant depuis la fin des années 1990, les chefs d'État du G20 se réunissent pour la première fois fin 2008. Ils prennent toute une série de décisions majeures pour refonder l'économie mondiale, comme la lutte contre les paradis fiscaux, une meilleure réglementation des flux financiers, une limitation de bonus des traders ou encore une augmentation du budget du FMI.